PiT Brüssel

Professor Kleinsteins Experimentier-Werkstatt für Kinder

Verblüffende Alltagsphänomene erforschen, bestaunen, begreifen in Kindergarten und Grundschule

Illustration: Kasia Sander

Ökotopia Verlag, Münster

Impressum

Autor PiT Brüssel

Illustratorin Kasia Sander

Lektorin Barbro Garenfeld

Satz Hain-Team, Weimar

ISBN 3-936286-88-4

2 3 4 5 6 7 8 9 • 12 11 10 09 08 07 06

Ich bedanke mich für die tolle Unterstützung bei der Vorbereitung zu diesem Buch bei allen TeilnehmerInnen meiner Seminare, besonders aber beim Team und den Kindern der Kita Kyffhäuserstraße in Wuppertal und dem Team des Kükelhauskindergartens am Krausacker in Troisdorf, sowie beim Team vom Kinderhaus Violetta in Ludwigsburg.
Außerdem gilt mein Dank meiner Lektorin, Barbro Garenfeld, für die angenehme Zusammenarbeit und ihre sowohl kompetente als auch hilfreiche Unterstützung bei der Fertigstellung des Manuskriptes.

Inhaltsverzeichnis

Ver-stehen, Be-greifen, Lernen

Viele Jahre hindurch ist in bundesdeutschen Kindergärten immer wieder eine ganz neue Konzeption favorisiert worden: Montessori, Reggio, der situationsorientierte Ansatz, die offene Arbeit – um nur einige zu nennen. Im vorliegenden Buch stelle ich einen Ansatz aus den meiner Meinung nach besten Aspekten der freiheitlichen Pädagogik von Maria Montessori (1870–1952), der ästhetischen Komponente der „Pädagogik des Werdens" aus Reggio Emilia/Italien und dem Denken von Hugo Kükelhaus (1900–1984), dem Erfinder des Erfahrungsfeldes zur Entfaltung der Sinne, vor. Die gute Nachricht dabei: Es geht nicht um eine völlig neue Konzeption, hier wird aus dem Wissen und den Erfahrungen von vielleicht Bekanntem geschöpft, nur eben in neuer, unerwarteter, aber logischer Kombination.

Die Arbeit mit den Sinnen ist es, die Montessori, Reggio und Kükelhaus verbindet und sich wie ein roter Faden durch dieses Buch zieht. Wir müssen verstehen lernen, dass sich unsere Sinnesorgane, ja unser ganzer Körper dadurch bildet, dass wir tätig sind und unsere Organe nutzen. Leben bedeutet lernen, üben, sich verändern. Erst wenn wir lernen, sind wir lebendig – und genau darin steckt unser großes Glück und die eigentliche Bestimmung unseres Lebens. Wenn es uns gelingt, das zu begreifen, und wir unseren Kindern möglichst früh die Gelegenheit zum staunenden Lernen geben, wird ihnen schon im Kindergarten vermittelt, dass Lernen Freude bereitet. Darüber hinaus erfahren die Kinder, dass Lernen auch mit Selbstständigkeit und lustvollem in Angriff Nehmen von selbst erarbeiteten Lerninhalten und nichts mit Nachplappern von Inhalten zu tun hat. Alle Kinder haben eine unbändige Lust die Welt zu erforschen, haben die Fähigkeit zu staunen. Jedes Kind scheint diese Welt immer wieder neu zu erfinden, fast so wie in der „Unendlichen Geschichte" von Michael Ende, in der die Kinder immer wieder Fantasien neu erfinden und erst wenn sie nicht mehr fantasieren, kommt das große Nichts. Lassen wir es nicht so weit kommen!

Wie kann das nun gehen, dass Kinder die Welt entdecken, Erfahrungen machen, freudvoll lernen und ihre Sinne, ihre Kreativität und Fantasie dabei entfalten? Maria Montessori hat es in einem Satz gesagt: „Hilf mir, es selbst zu tun!"

Wir Erwachsenen trauen den Kindern oft viel zu wenig zu, sind ungeduldig und können uns nur unzulänglich auf den anderen Umgang der Kinder mit Zeit einlassen. Wir stellen oft Erwägungen in den Vordergrund, die Entfaltung behindern oder vielleicht ganz unmöglich werden lassen, oder stören ganz einfach, indem wir im falschen Moment eingreifen. Selbst wenn Kinder auf Schwierigkeiten stoßen oder offenbar Fehler machen, sind das Lernprozesse, deren Wirkung wir vereiteln, wenn wir eingreifen – aus welchem Grund auch immer. In diesem Sinne halte ich es sogar für denkbar, dass Fehler gefeiert werden, weil sie der Anfang eines Lernprozesses sind.

Ein Beispiel: Wenn die Weihnachtszeit näher rückt und die ersten Kerzen auf dem Tisch stehen, gibt es immer wieder einige Spezialisten, die vom Feuer magisch angezogen werden. Kleine Finger strecken sich Richtung Kerzenflamme und wollen allen Ermahnungen zum Trotz das Feuer berühren, erforschen, untersuchen. Freundliche Hinweise wie „Vorsicht, das ist heiß" verklingen scheinbar ungehört. Warum? Nun, unsere Warnungen sind reine Information, die völlig abgekoppelt von Erfahrungen keinen Wert hat. Erst durch Erfahrung kann sie verarbeitet werden, und da liegt der springende Punkt: Die Kinder müssen erfahren, was *heiß* überhaupt ist, um die Warnung einordnen zu können. Nun sollen sich natürlich nicht alle Kinder erst einmal ordentlich die Finger verbrennen, aber sie müssen im geschützten Rahmen Erfahrungen machen können. Das selbsttätige Erforschen und Ausprobieren führt zu Wachstum, vor allem zu Wachstum von Selbstbewusstsein. Und das macht unsere Kinder stark und schützt sie viel besser, als es auf vermeintliche Sicherheit bedachte Eltern und ErzieherInnen jemals könnten.

Es ist in der Tat eine Kunst, wenn wir es schaffen, die Kinder nicht zum Lernen zu bewegen, sondern genau umgekehrt das Umfeld, die Materialien und Möglichkeiten so zu gestalten, dass die kindliche Lernfreude geweckt und zu einem fest verankerten Bestandteil der Persönlichkeit des Kindes wird. Es ist eindeutig die Freude am Lernen, die von innen heraus motiviert (intrinsische Motivation), sozusagen eine innere Notwendigkeit, die auch dahinter steht, wenn das Baby aus dem Wunsch nach Verständigung und Anklang die Sprache seiner aktuellen Familie lernt. Die noch junge Kognitionswissenschaft hat festgestellt, dass die intrinsische Motivation stärkster Motor zur Entwicklung eines Menschen ist, stärker und effizienter als die Motivation, die von außen kommt, z.B. durch Verlangen der Erwachsenen, durch die Aussicht auf Belohnung oder gute Noten. Dies scheint eine genetisch bedingte Notwendigkeit zu sein, die an Freude gekoppelt ist und dazu führt, dass das Gehirn des Kleinkindes Hunderte von Synapsen aufbaut, deren Tätigkeit prompt wieder eingestellt wird, wenn sie nicht benutzt werden. Hugo Kükelhaus sprach vom Menschen, der sich in und durch Tätigkeit selbst bildet, indem er sich mit jeder neuen Erfahrung verändert. Die Gehirnforschung hat das bestätigt. So wurde herausgefunden, dass sich das Gehirn nicht nur drastisch verändert, sondern sozusagen pausenlos dazulernt und sich selbst dabei umprogrammiert. Durch diese aktive Veränderung ist schon der nächste Zugriff auf ein ähnliches Problem ein veränderter, denn das Gehirn hat inzwischen wieder gelernt. Gerade beim Neugeborenen ist diese Umprogrammierung so immens, dass die Gehirnforscher das Lernpensum der ersten drei Monate unseres Lebens mit dem eines fleißigen Studenten in vier Jahren vergleichen. Das selber Tun ist die Voraussetzung für das Verstehen und Begreifen auf der kognitiven Ebene und deshalb von immenser Wichtigkeit. Kinder

wollen nicht passiv bekehrt werden, sie wollen aktiv ihre Welt erforschen, sie wollen tätig sein.
Bei diesem Ansatz wird klar, dass sich die Aufgaben von ErzieherInnen dramatisch verändern werden. Mitfühlende Beobachtung, Dokumentation, liebevolle Umfeldgestaltung, eigenes Weiterlernen und Freude an der Selbstentwicklung sind Aufgabengebiete, die im Mittelpunkt stehen werden. Dieses Buch möchte dabei helfen, dass ErzieherInnen gemeinsam mit den Kindern die Welt der Naturwissenschaft entdecken und selbst tätig werden. Zwei Grundsätze sind dabei unabdingbar: Erstens soll alles Lernen freiwillig sein und zweitens sollen die Kinder nicht belehrt werden, sondern die Möglichkeit haben, selber Vermutungen anzustellen, warum z. B. der Luftballon lossaust, wenn man ihn nach dem Aufblasen einfach loslässt. Diese „Hypothesenbildung" betreiben alle Wissenschaftler. Und manchmal kann eine Hypothese bewiesen werden und die Nuss ist geknackt. In anderen Fällen wird vielleicht die Theorie widerlegt und eine neue tritt an ihre Stelle. Bei Kindern wird die Fantasie gefördert und ihr Ausdrucksvermögen entwickelt, dadurch dass sie die Möglichkeit bekommen, Probleme zu lösen und eine Vorstellung davon zu entwickeln, wie etwas abläuft, funktioniert oder zusammenhängt. Aufgabe der ErzieherInnen ist es, die Ideen der Kinder zu spiegeln und weiterzuentwickeln. Dabei sollen sie aber zu erreichende Ziele nicht schon vorher festlegen. Sie lassen sich vielmehr auf die Kinder ein und nehmen sie ernst. Dazu gehört auch, nicht immer alles gleich zu beantworten, sondern auch ruhig als Problem mit der Bitte um einen Lösungsvorschlag den Kindern zu übergeben.
„Ich habe nur verstanden, was ich selbst zur Sprache gebracht habe", sagte Hugo Kükelhaus in einem Vortrag in den 1980er Jahren. Deshalb ist das Bilden von Hypothesen, das Formulieren von Vermutungen so wichtig. Gleiche Funktion hat das Erklären der Kinder untereinander und natürlich das Wiederholungslernen. Kinder lernen durch Wiederholen, durch Nachvollziehen und aktives Durchschauen.
„Bildung ist nicht das Abfüllen von Fässern, sondern das Entzünden von Flammen", sagte Heraklit – und wir sollten mehr als 2000 Jahre später endlich damit beginnen.

Von Individualität, Kreativität und dem ganzen Rest des pädagogischen Universums

Liebe Leserin, lieber Leser,
herzlich Willkommen in dem Buch der etwas anderen Art!
Sie werden vielleicht überrascht sein zu erfahren, dass die Schätze, die es in diesem Buch zu entdecken gibt, nicht einfach wie gewohnt auf den ersten Seiten beginnen und Sie sich bis zur letzten Seite durch das Buch lesen müssen.
Hier liegt im Grunde schon das erste Geheimnis, denn jeder kann einen anderen Weg gehen, sich kreuz und quer durch das Buch lesen. Ans Ziel kommen werden alle, aber der Weg wird für jeden sehr verschieden sein.
Beginnen Sie irgendwo zu lesen, ganz egal wo. Wichtig ist nur, dass Sie etwas wirklich interessiert. Unterwegs werden Sie zu einem Link kommen, das ist eine Art Kreuzung. Dort finden Sie Hinweise, wo Sie weitermachen oder welche Ideen Sie an diesem Punkt einfügen könnten. Unabhängig davon, wie Sie sich entscheiden, werden Sie vielen spannenden Experimenten begegnen.
Die zweite Besonderheit in diesem Buch ist Professor Kleinstein. Er wird im Dialog mit den Kindern und den ErzieherInnen oder Eltern viele verrückte Fragen stellen, Spiele initiieren und Aktionen vorschlagen. Er könnte als Handpuppe selbst gebaut, als fertige Puppe gekauft und verändert oder als Verkleidung für einen Erzieher oder eine Erzieherin erfunden werden. Dabei gibt es viele Möglichkeiten, wie so ein Professor aussehen könnte. Ich stelle ihn mir als einen urigen Kauz vor, der Kinder nicht nur sehr mag, sondern sie als Verbündete sieht, weil er sich selbst viel von seiner kindlicher Kreativität bewahrt hat. Natürlich könnte er eine schlaue Brille tragen, eine Frisur haben wie Albert Einstein und einen Schnauzbart wie Jean Pütz; eine große Fliege mit bunten Tupfen wäre lustig, über seiner Alltagskleidung einen offenen, weißen Kittel dazu und schon geht es los. Wie Sie das machen, ist Ihrer Fantasie und natürlich auch Ihren Möglichkeiten überlassen. Es kommt nur darauf an, dass Sie der Figur wirklich Leben einhauchen, ihr Gesicht den Kindern oder sich selbst zuwen-

den, wenn Sie angesprochen werden, damit eine richtige Kommunikation entsteht. Dann werden Sie in Prof. Kleinstein einen hilfreichen Begleiter haben. Durch seine leichte Vergesslichkeit ist er auch immer wieder dankbares Opfer für Wiederholungen, und diese fördern ja gerade im Kindergarten- und Grundschulalter den Lernprozess. Wiederholungen sind sehr wichtig. Auch in der Phase nach neuen Experimenten sollte es dafür genügend Raum und Zeit geben. Geschickt wäre z. B. am Montag jeweils ein bis zwei neue Experimente durchzuführen. Den Rest der Woche werden die Kinder dann nutzen, um selbsttätig alles zu wiederholen.

In einer schön gebundenen Kladde können Sie wichtige Beobachtungen, Bemerkungen der Kinder sowie alles, was Ihnen auffällt beim Umgang mit den Experimenten, sammeln. Lassen Sie immer wieder etwas Platz, um später noch Fotos dazu zu kleben, die während der Forscheraufgaben gemacht wurden. Diese Dokumentation kann Grundlage für Elternabende zum Thema Forschung und Lernen sein oder auch dem ganzen Team für Ideenfindung zu neuen Forschungsthemen dienen. Wenn Sie sich regelmäßig Notizen machen, haben Sie nicht nur bald eine schöne Sammlung von genialen Lösungsideen, Sie können auch einfacher an die nächste Experimentaleinheit anknüpfen. Außerdem ist so oft klarer zu sehen, was noch einmal wiederholt werden sollte. Besonders fantasievolle Lösungen oder Wortbeiträge werden in einigen Einrichtungen mit 30 Punktschrift ausgedruckt und aufgehängt. Das zeigt den Kindern, dass Sie ihre Ideen ernst nehmen und sie wichtig genug sind, um aufgehängt zu werden.

Die Gegenstände, die Sie brauchen werden, sind im Anhang des Buches unter dem Begriff „Schlaumeierkiste“ zusammengestellt. Dort finden Sie eine Sammlung von Gerätschaften, die preiswert, einfach zu beschaffen oder sowieso vorhanden sind. Sie sollten alles in einer Kiste – wie in einer Schatztruhe – „anrichten“, denn auch hier gilt: Das Auge isst mit!

Und nun viel Spaß!

Professor Kleinstein und das Geheimnis des Wassers

Wer hätte gedacht, dass das Wasser, das aus dem Wasserhahn läuft, in dem wir in der Badewanne sitzen und uns im Sommer im Schwimmbad abkühlen, das zum Waschen von schmutziger Wäsche und zum Abspülen der Abendbrotteller benutzt wird, ein großes Geheimnis birgt? Das Geheimnis des Lebens nämlich! Ja, wirklich: DAS GEHEIMNIS DES LEBENS!!!

Unsere Erde wurde vor vielen Millionen Jahren gemeinsam mit ihren Geschwistern, den Planeten, aus einer Staub- und Gesteinswolke geboren. Zunächst war die Erde ganz heiß und für jegliches Leben, wie wir es kennen, unbewohnbar. Es dauerte einige Millionen Jahre bis die Erde an der Oberfläche soweit abgekühlt war, dass Leben, egal in welcher Form, überhaupt eine Chance bekommen konnte (→ S. 37, Prof. Kleinstein und der Tagesstern, und S. 50, Prof. Kleinstein sieht Sterne).

Über die Frage, wie das Wasser zu uns auf die Erde kam, haben sich die WissenschaftlerInnen lange den Kopf zerbrochen. Heute glauben sie Beweise dafür zu haben, dass schon das Erdmaterial Wasser in Form von Dampf enthielt. Als sich die Erde soweit abgekühlt hatte, dass zumindest ihre Kruste auf eine Temperatur von unter 100 °C gesunken war, schlug sich der von Vulkanen ausgestoßene Wasserdampf am Boden nieder und sammelte sich als Wasser in Senken. Auch zahlreiche Kometen, die auf die junge Erde fielen, brachten Wasser mit und halfen so, Seen zu bilden. Kometen sind ja im Grunde riesige Schneebälle, die durch das Weltall rasen. Na, und als der Schnee und das Eis geschmolzen sind, stieg der Wasserspiegel in den Seen an. Wenig später begann der Kreislauf des Wassers, das Wetter entstand. Allerdings zunächst mit ununterbrochenem Regen, denn die Tropfen verdampfen schon, während sie vom Himmel fallen und steigen als Dampf wieder auf. Nach und nach bildeten sich heiße Pfützen und schließlich stieg das Wasser überall gleichmäßig an, bis es den gesamten Erdball bedeckte. Vulkane waren die höchsten Erhebungen und ragten als Inseln aus dem Meer. Heute ist nur noch drei Viertel der Erdoberfläche vom Wasser bedeckt.

Übrigens bestehen wir Menschen auch etwa zu drei Vierteln aus Wasser, ebenso wie Tiere und Pflanzen. Ohne Wasser kann kein Lebewesen unseres Planeten auskommen, wir würden verdursten. Wie es scheint, ist sogar alles Leben aus dem Wasser gekommen. Erst gab es nur Einzeller, die friedlich vor sich hinpaddelten. Aus ihnen haben sich wiederum in Millionen von Jahren immer größere Tiere entwickelt und schließlich auch die Menschen. Viele von uns lieben das Wasser und baden und schwimmen gerne darin, vor allem im Sommer. Bestimmt hat es auch etwas damit zu tun, dass wir uns alle einmal neun Monate lang im Wasser wohlfühlen durften, im Bauch unserer Mutter nämlich. Dies stellt eine weitere Verbindung mit dem Wasser her, weshalb wir auch eine besondere Verantwortung für das Wasser haben und dafür, dass es nicht unnötig verschwendet wird. Darum ist es gut, wenn wir einige Geheimnisse des Wassers lüften, und verstehen lernen, wie es funktioniert und welche Fähigkeiten es hat.

Zum Beispiel ist nicht alles Wasser flüssig, was wir hier auf der Erde haben. Am Nordpol und am Südpol ist es zu riesigen Eisbergen gefroren. Der Schnee, auf den wir jeden Winter warten, besteht natürlich auch aus Wasser. Und dann gibt es noch Wasserdampf, der mit der Wärme aufsteigt und Wolken bildet (➜ S. 27, Prof. Kleinstein macht Wetter).

Flüssiges Wasser gibt es in Flüssen (wie der Name schon sagt), in Seen und im Meer, wo es auch noch salzig ist. Beim ersten Versuch wollen wir uns mit dem Fließen des Wassers beschäftigen und ganz genau sehen, wie das läuft.

Gießversuche

Wir brauchen: Haftzettel mit Adresse des Kindergartens, große Kiste mit: PET-Flaschen in verschiedenen Größen, Trichter, Eimer, Schüsseln, Becher, Dosen in verschiedenen Größen, einige dünne Schlauchstücke (0,20–1m lang), Strohhalme, 1 Wanne oder Plastikbox oder altes Aquarium; Waschbecken, Wasser

Die Spielleitung erzählt, dass sie einen richtigen Professor eingeladen hat, der neugierige Kinder besonders gerne mag, und dass er versprochen habe heute vorbei zu kommen, um gemeinsam mit den Kindern einige Experimente zu machen. Ob er sich wohl verspätet hat? Es klopft an der Tür. Alle rufen: „Herein", die Tür geht auf und herein kommt Prof. Kleinstein, der eine große Kiste vor sich her schiebt.

Prof. Kleinstein: „Oh je, das Ding ist aber auch schwer! Bin ich denn hier eigentlich richtig? Wo ist denn schon wieder mein Notizzettel, da habe ich doch, die Adresse stand da doch drauf, also nein!"

Der Professor macht einen verwirrten Eindruck, der Zettel klebt auf seiner Stirn und vermutlich werden die Kinder ihn sofort darauf aufmerksam machen.

Prof. Kleinstein: „Oh ja, danke Kinder, hihi, dass ich da nicht selber, also puuh, ich bin ganz außer Puste, könnt ihr mir einmal mit der Kiste helfen?" *Die Kinder helfen dem Professor die Kiste in die Mitte des Raumes zu bringen und die Spielleitung begrüßt ihn, stellt ihn den Kindern vor und natürlich die Kinder auch dem Professor.*

Prof. Kleinstein: „Hallo Kinder, schön, dass ihr da seid und ich es auch endlich geschafft habe. Diese schwere Kiste hat mich mächtig aufgehalten. Wir sollten vielleicht erst einmal in die Kiste schauen, was ich da alles eingepackt habe." *Die Kinder öffnen gemeinsam mit dem Professor die Kiste und holen alles heraus.*

Prof. Kleinstein: „Was glaubt ihr, kann man mit diesen Sachen anstellen?" *Die Kinder stellen Vermutungen an und alle Ideen werden gesammelt.*

Prof. Kleinstein: „Ich habe mir gedacht, dass wir bei unseren ersten gemeinsamen Experimenten dem Geheimnis des Wassers auf den Grund gehen. Dazu müssen wir erst einmal gut beobachten, wie sich das Wasser in verschiedenen Gefäßen verhält, wie es fließt und sich bewegt. Probiert doch einmal aus, was ihr mit den vielen Sachen alles machen könnt. Schaut und hört genau hin, was das Wasser macht." *Die Kinder stellen sich um die mit Wasser gefüllte Wanne herum und probieren Gegenstände aus: Sie füllen sie mit Wasser, gießen sie aus, haben unterschiedliche Gewichte, Formen und Volumen. Eine schöne Übung für den Alltag ist auch die Erfahrung, was passt wo hinein, wie viele Becher sind nötig, bis die große Flasche voll ist, und welche Hilfe bietet etwa ein Trichter.*

Tipp,

Prof. Kleinstein hilft gerne oder experimentiert selber auch, und die Kinder machen es ihm nach. Die Spielleitung sollte auch mitmachen und evtl. im Dialog mit Prof. Kleinstein über ihre Entdeckungen berichten und damit die Kinder ermutigen ihre eigenen Entdeckungen dem Professor zu erzählen.

Der Gießwettbewerb

Wir brauchen: mehrere gleiche oder ähnliche, möglichst durchsichtige Flaschen, 1 Gießkanne oder Saftkrug, Wasser, 1 Wanne, 1 Trichter

Prof. Kleinstein: „Da habt ihr ja mächtig herumgeplanscht. Es scheint, als hätte es euch Spaß gemacht, und wir haben alle zusammen schon so einiges über das Wasser entdeckt! Hier sind noch leere Flaschen. Jetzt wollen wir einmal sehen, wer von euch am schnellsten eine Flasche ausgießen kann. Ich werde auch mitmachen und gebe mir besondere Mühe, Sieger zu werden. Also los, wer möchte es als erster mit mir aufnehmen?"

Tipp

Jeweils zwei bis vier Kinder dürfen mitmachen, damit beobachtet werden kann, wer auf welche Art die Flasche ausgießt. Prof. Kleinstein verschließt mit den Fingern die Flasche und dreht sie auf den Kopf. Beim Startzeichen bringt er die Flasche kurz und heftig in kreisende Bewegung und hält sie dann nur noch fest. Durch die Rotation entsteht ein Strudel im Inneren der Flasche, in dessen Mitte Luft einströmen kann. So kann gleichzeitig Wasser aus der Flasche heraus und Luft in sie hinein.

Prof. Kleinstein: „Super, ich habe gewonnen, aber es war ziemlich knapp. Gut gemacht, Kinder."
Spielleitung: „Ich habe es genau gesehen. Das war ja ein toller Trick. Prof. Kleinstein, du hast die Flasche gedreht und dann gab es da so einen Strudel in deiner Flasche, unglaublich!"
Prof. Kleinstein: „Strudel in der Flasche? Kinder, das müssen wir noch einmal wiederholen und ganz genau hinschauen." *Prof. Kleinstein wiederholt die Aktion.*
Prof. Kleinstein: „Nun, was meint ihr, wieso konnte mein Wasser so schnell aus der Flasche fließen?"

Lösung: Wer ganz genau hinschaut, bemerkt im Strudel ein Loch, durch das Luft einströmen kann. Damit eine Flasche leer wird, muss nicht nur das Wasser raus, sondern auch Luft rein!

Die Sprudelwasserbar

Wir brauchen: jeweils 2 Flaschen von 6 verschiedenen Sorten Sprudelwasser (z. B. Gerolsteiner, Bon aqua, Sinziger, etc.), 1 Flasche pro Sorte mit Papier so einwickeln, dass man nicht auf die Marke schließen kann

Prof. Kleinstein: „Beim nächsten Versuch geht es auch um Ausgießen oder besser um Ausschänken, denn wir betreten jetzt gemeinsam die erste und ich darf sagen, auch die bisher einzige Sprudelwasserbar der Welt. Jeder von euch darf von allen Flaschen probieren. Unsere Aufgabe besteht darin herauszufinden, welche Flaschen identisch sind."
Lösung: Die „getarnten" Flaschen auspacken und überprüfen, ob die Kinder die richtigen Kombinationen herausgeschmeckt haben.

Prof. Kleinstein: „Nicht traurig sein, wenn ihr nicht richtig gelegen habt. In jedem Fall war es in der Sprudelwasserbar sehr erfrischend. Wir sollten alle jeden Tag viel Wasser trinken, die Kinder mindestens einen Liter und Erwachsene sogar drei. Aber nur wenige Menschen schaffen das. Gut, dass es die Sprudelwasserbar gibt, denn dort wird nichts anderes ausgeschenkt als leckeres frisches Wasser. Jeder Tropfen ist ein Genuss – da fällt mir ein, wisst ihr eigentlich, warum das Wasser Tropfen bildet? Nein, keine Idee?

Der Wasserberg und die Wassertropfenbande

Wir brauchen: mehrere Gläser, einige kleine Kieselsteine, 1 Kanne oder Flasche mit Wasser, Lupen

Prof. Kleinstein: „Wer von euch kann ein Glas so richtig voll gießen, bis wirklich nichts mehr hinein geht?" *Die Spielleitung lässt die Kinder nacheinander ein Glas füllen und ermutigt alle noch etwas mehr hinein zu gießen, bis sich ein „Wasserberg" auf dem Glas bildet.*

Prof. Kleinstein: „Sehr interessant, Kinder! Ihr habt es alle geschafft, einen richtigen ‚Wasserberg' hinzukriegen. Wie kann das nur sein, dass der ‚Wasserberg' über das Glas hinausragt und es trotzdem nicht überläuft? Wer hat da eine Idee? *Die Spielleitung verteilt Lupen. Die Kinder können sich den „Wasserberg" ganz in Ruhe ansehen. Alle Ideen werden gesammelt.*

Lösung: Der „Wasserberg" wird wie durch eine Haut gehalten.

Prof. Kleinstein: „Diese Haut nennt man auch Oberflächenspannung. Sie hält so einiges aus, ganz wie unsere Haut auch. Ihr könnt euch jetzt selbst davon überzeugen. Nehmt doch bitte ein paar von diesen kleinen Kieselsteinen und probiert einmal, wie viele ihr vorsichtig hineingleiten lassen könnt, bevor die Haut des Wassers reißt." *Die Spielleitung verteilt die Kieselsteine und jedes Kind kann den Versuch selbst machen. Die Ergebnisse sammeln.*

Prof. Kleinstein: „Kinder, Kinder, das grenzt ja an Zauberei, so viele Steine wie ihr geschafft habt. Wie kommt es wohl, dass unser Wasser so etwas kann?"

Lösung: Die einzelnen Wassertropfen, die gemeinsam das Glas ausfüllen, halten sich aneinander fest, wie viele Kinder, die sich die Hände reichen. Wenn die Spannung an der Oberfläche zu groß wird, müssen sie loslassen und etwas Wasser läuft über. Dadurch nimmt die Spannung ab und der „Wasserberg" ist wieder ganz.

Warum sich Wasserläufer vor Seife fürchten

Wir brauchen: 1 große durchsichtige Schüssel, Wasser, 1 Büroklammer, 1 Reißzwecke, 1 Nadel, 1 Rasierklinge, 1 Gabel, etwas Küchenpapier, einige Tropfen Spülmittel, einige Lupen

Prof. Kleinstein: „Enorm, wie die Tropfen zusammenhalten, deshalb nenne ich sie auch ‚Wassertropfenbande'. Erst wenn es zu anstrengend wird, trennen sich die Mitglieder dieser Bande, wie wir im nächsten Experiment sehen werden. Wir wollen uns die Haut namens Oberflächenspannung noch einmal ganz genau anschauen. Hier sind verschiedene Gegenstände: eine Büroklammer, eine Reißzwecke, eine Nadel und eine Rasierklinge. Ich werde versuchen, die Rasierklinge ganz vorsichtig auf die Oberfläche des Wassers zu legen und bitte euch, es mir mit den anderen Gegenständen nachzutun. Für die Nadel, die ist so klein, gibt es einen besonderen Trick: Wir legen ein kleines Stück Küchenpapier darunter. Wenn es sich voll Wasser gesogen hat, wird es nach unten sinken und mit etwas Glück bleibt die Nadel oben." *Die Kinder legen die Gegenstände vorsichtig mit der Gabel auf das Wasser. Das braucht Geduld und Geschicklichkeit. Eine tolle Übung für die Feinmotorik.*
Prof. Kleinstein: „Jetzt lasst uns einmal mit der Lupe genau hinsehen. Was fällt euch auf?"
Lösung: Alle Gegenstände liegen wie in einer Mulde eingebettet!

Prof. Kleinstein: „Ja, und genau diese Mulde der Oberflächenspannung zeigt uns wieder: Hier ist die Wassertropfenbande am Werk. Übrigens können die Wasserläufer deshalb auf dem Wasser gehen, weil sie die Oberflächenspannung nutzen. Sie stehen auch in solchen kleinen Mulden und werden von der Spannung des Wassers getragen, genau wie die Reißzwecke und die anderen Dinge. Da kann eigentlich nichts passieren, es sei denn, es gerät Seife ins Wasser. Das wollen wir jetzt ausprobieren. Warum haben die Wasserläufer ausgerechnet vor Seife Angst?" *Die Spielleitung gibt den Kindern einen winzigen Tropfen Spülmittel auf einen Finger und alle tauchen den Finger vorsichtig ein.*
Prof. Kleinstein: „Ja, das ist ja nicht zu fassen, Kinder, was ist denn nun passiert?"
Lösung: Alle Gegenstände sind untergegangen. Die Seife hat die Oberflächenspannung zerstört.

Prof. Kleinstein: „Auch den Wasserläufern ergeht es so, wenn plötzlich Seife, Wasch- oder Spülmittel in ihren Tümpel gelangt. Das kann leider sehr leicht passieren, wenn wir zu viel Seife, Waschpulver oder Spülmittel benutzen und den Klärwerken etwas davon entwischt. Deshalb ist es wichtig, dass wir gar nicht erst zu viel benutzen. Ihr habt ja gesehen, dass ein kleiner Tropfen schon ausreicht, um die Wassertropfenbande zu zerstören. Zu viel ist ungesund."

Der Philosoph in der Badewanne

Wir brauchen: 1 blaues Tuch oder 1 Serviette, 1 große durchsichtige Schüssel, pro Kind 1 Glas, 1 Müslischale, Wasser, 1 Gabel, 1 Stange Knete (keine selbst gemachte!), 1 Haushaltswaage
Vorbereitung: Die Serviette am Rand mit einem weißen Muster (➜ Abb.) bemalen und zu einem Knoten binden.

Spielleitung: „Hallo Prof. Kleinstein, was hast du denn da mitgebracht?" *Die Spielleitung hält das geknotete Tuch hoch.*
Prof. Kleinstein: „Oh, ja, was hab ich denn da mitgebracht, das ist dieses Erinnerungstuch mit dem Knoten drin, das soll mich an etwas erinnern, aber ich habe leider vergessen, an was ..."
Spielleitung: „Ach, das ist doch nicht schlimm, Professor, das fällt dir bestimmt gleich wieder ein. Hat das Tuch selbst denn etwas damit zu tun, woran es dich erinnern soll? Verrät es durch sein Aussehen eventuell schon etwas? Vielleicht können die Kinder es erraten, die helfen dir bestimmt gerne."
Prof. Kleinstein: „Also das Tuch ist blau mit so einem eckigen, weißen Muster, das erinnert mich, also das erinnert mich an, ja, an ... Griechenland, genau! Ach natürlich, ich wollte euch die Geschichte vom Philosophen in der Badewanne erzählen. Archimedes hieß er, also, dass ich den vergessen konnte."
Spielleitung: „Halt, halt Professor, einen Moment! Kinder wisst ihr, was ein Philosoph ist und was der macht?" *Die Kinder überlegen und bekommen genug Zeit Vermutungen anzustellen.*
Prof. Kleinstein: „Das Wort Philosoph kommt aus der griechischen Sprache und bedeutet ‚jemand, der die Wahrheit liebt'. Ein Philosoph ist also jemand, der nach Erkenntnis sucht, viele Fragen stellt und alles ganz genau wissen will. Wirklich alles. Viele Philosophen des Altertums sind deshalb auch gute Wissenschaftler gewesen, wie Archimedes, den alle ‚den Philosophen in der Badewanne' nannten, weil er so gerne badete. Das tat er besonders dann, wenn er über ein wichtiges oder schwieriges Problem nachdenken musste. Nur sein Diener war nicht der schlaueste Mensch und hatte an einem Tag aus Versehen die Wanne randvoll gemacht. Was, glaubt ihr, passiert, wenn ihr in eine Badewanne steigen würdet, die ganz bis zum Rand voll ist? ... Genau, die läuft über! Aber läuft denn *alles* Wasser heraus? Nein. Und diese Tatsache fand Archimedes so toll, dass er sofort folgenden Versuch gemacht hat.

Die Spielleitung formt aus einer Knetestange eine Kugel und reicht sie dem Professor.
Prof. Kleinstein: „Oh, vielen Dank. Stellt euch vor, Kinder, diese Knetekugel soll jetzt unser Freund Archimedes sein. Das Glas ist die Badewanne. Und damit hier kein Wasser verloren geht, stellen wir das Glas, äh, die Badewanne in diese Müslischale. Jetzt erst füllen wir das Glas mit Wasser, und zwar genau bis zum Rand, also ohne Berg darauf. Ich lasse unseren Freund vorsichtig in die Wanne gleiten und wie ihr richtig vermutet habt, läuft das Wasser über. Jetzt wiegen wir das übergelaufene Wasser auf meiner Laborwaage ab. Anschließend kommt ‚Archimedes' auf die Waage. Ihr könnt nun auch eine Kugel aus eurer Knete formen, dann lasst ihr die Kugel ganz langsam in das Wasser gleiten." *Jedes Kind führt in aller Ruhe den Versuch für sich durch und wiegt dann ab.*
Lösung: Das Wasser wiegt genauso viel wie die Knete.

Prof. Kleinstein: „Diese Idee hat Archimedes so gefreut, dass er laut ‚Heureka' rief. Dieses griechische Wort heißt so viel wie ‚Ich hab's!'"
Spielleitung: „Was genau hat er denn herausgefunden, Professor?"
Prof. Kleinstein: „Wenn ein Gegenstand mehr Wasser verdrängt, als er selbst wiegt, ist der Auftrieb auch größer als sein Gewicht und der Gegenstand kann schwimmen. Auftrieb ist natürlich ein ziemlich schweres Wort. Es bedeutet: ‚Druck aus der Tiefe', also ‚Druck von unten'. Wenn ihr schon einmal im Schwimmbecken getaucht seid, dann habt ihr den Druck bemerkt. Auf den Ohren fühlt man ihn besonders gut. Dieser Druck hilft uns beim Schwimmen, weil er nach oben gerichtet ist. Bestimmt habt ihr euch schon oft gewundert, warum es im Schwimmbad viel leichter ist, einen Freund im Wasser hochzuheben, als am trockenen Ufer. Das liegt am Auftrieb des Wassers, der euch dabei hilft.

Die wunderbare Verwandlung einer Kugel aus Knete

Wir brauchen: die Knete aus dem vorherigen Versuch, 1 große durchsichtige Schüssel, Wasser, 1 Gabel

Prof. Kleinstein: „Kinder, Kinder, Archimedes wäre ja so was von stolz auf euch! So viele Geheimnisse des Wassers habt ihr schon gelüftet. Ich bin sicher, dass ihr das nächste Geheimnis auch mühelos enträtseln könnt. Wollen wir doch mal sehen, wie wir diesen Auftrieb geschickt nutzen können, um Gegenständen das Schwimmen beizubringen. Wir nehmen die Knetekugel unseres letzten Versuchs, obwohl wir schon wissen, dass sie nicht schwimmen kann. Wer's nicht glaubt, kann es ja noch einmal ausprobieren. Wenn das alles stimmt, was unser Freund Archimedes herausgefunden hat, dann muss es einen Trick geben, wie unsere Knetekugel doch noch das Schwimmen lernen kann. Was müssen wir wohl tun, damit sie nicht mehr untergeht? *Die Kinder stellen Vermutungen an und die Spielleitung moderiert und notiert die Ideen. Anschließend können die Kinder alle Ideen ausprobieren.*
Prof. Kleinstein *(wenn die Kinder nicht selbst darauf gekommen sind):* „Ich sage euch, was wir machen: Wir formen eine Schale oder so etwas wie ein Boot aus der Knetekugel."
Lösung: Durch die Vergrößerung der Oberfläche verdrängt die Knete mehr Wasser, der Auftrieb wird größer als ihr Gewicht und sie schwimmt.

Was schwimmt – und was nicht?

Wir brauchen: 1 kleines Lineal, 1 Plastikgabel, Münzen, 1 Stück Schnur, 1 Tischtennisball, 1 Kieselstein, mehrere Holzstücke, 1 Spielzeugauto, 1 Filzstift, kleine Dinge zur Schwimmprüfung, Schüssel oder Wanne aus Plastik, Wasser, evtl. pro Kind 1 Gabel

Prof. Kleinstein: „Ach, ich wollte mich doch, … also, ich hatte doch …" *Prof. Kleinstein kramt in seiner Tasche und fördert seltsames Zeug zu Tage: ein kleines Lineal, eine Plastikgabel, Münzen, ein Stück Schnur, einen Tischtennisball, einen Kieselstein, mehrere Holzstücke, ein Spielzeugauto, einen Filzstift und vieles mehr.*
Prof. Kleinstein: „Jetzt wollte ich euch das Boot zeigen, das ich geschnitzt habe, aber irgendwie weiß ich gar nicht mehr, wo es geblieben ist, zu dumm."
Spielleitung: „Vielleicht können die Kinder ja einmal Dinge suchen, von denen sie glauben, dass sie schwimmen werden, und wir probieren das alle zusammen aus!"
Prof. Kleinstein: „Das ist eine glänzende Idee, oh ja, Kinder, so machen wir's: Ihr sucht überall im ganzen Haus nach Sachen, die vielleicht schwimmen, und dann überprüfen wir das hier in der Schüssel, also bitte keine Riesen, keine Kühe und auch keine Fahrräder mitbringen, abgemacht?"
Die Kinder probieren völlig selbstständig aus, was schwimmt und was nicht. Sie legen kleine Gegenstände ganz vorsichtig mit der Gabel auf das Wasser. Die Spielleitung notiert die Ergebnisse.

Tipp

Die ganze Aktion kann auch gut im Schwimmbad stattfinden, dann vorher mit dem Bademeister klären, was mit ins Wasser darf. Meistens wird er viele interessante Gegenstände zu Verfügung stellen. Natürlich gehört das Heben von Freunden im Wasser und außerhalb auch dazu.

Wie ein Ei das Schwimmen lernt

Wir brauchen: 1 Ei, Salz, pro Kind oder Team: 1 Ei, 1 Löffel, 1 Glas, Wasser – und ein bisschen Geduld

Es klopft an der Tür. Die Tür wird geöffnet und Prof. Kleinstein rennt mit einem Ei herein und ruft: „Vorsicht, rohe Eier, Spiegeleigefahr!" *und dann sagt er etwas ruhiger:* „Hallo Kinder, puh, das ist ja noch einmal gut gegangen. Beinahe wäre ich gestolpert und gefallen und das schöne Ei wäre kaputt. Das ist ein besonderes Ei, müsst ihr wissen, es kann nämlich schwimmen, oder zumindest fast, also genau genommen braucht es noch etwas Hilfe, so wie ihr auch. Aber ein Ei kann ja keine Schwimmflügel tragen und deshalb habe ich da etwas ganz besonderes erfunden." *Er holt das Glas und das Wasser und sagt:* „So, jetzt geben wir Wasser in das Glas und dann hinein mit dem Ei!"
Spielleitung: „Och, Professor, das Ei schwimmt ja gar nicht!"
Prof. Kleinstein: „Moment, Moment, nur nicht so schnell. Es fehlt ja noch die Hilfe!"
Spielleitung: „Ach, du meinst die Schwimmflügel!"
Prof. Kleinstein: „Ja genau, eine Hilfe eben, aber die sieht bei Eiern nun etwas anders aus als bei Kindern. Ich streue jetzt Salz in das Wasser, rühre gut um und ... wer kann es schon sehen?" *Die Kinder probieren selbst aus, ob ihr Ei schwimmt.*
Spielleitung: „Es schwimmt tatsächlich, das ist ja super, Professor. Aber sag einmal, hat das jetzt auch wieder mit Archimedes und dem Auftrieb zu tun?"
Lösung: Durch das Salz wird der Auftrieb größer und manche Dinge, die vorher nicht geschwommen sind, schwimmen plötzlich. Es gibt zwei Möglichkeiten, Dinge zum Schwimmen zu kriegen: Entweder wir vergrößern sie bei gleichem Gewicht (wie das Kneteboot) oder wir machen das Wasser schwerer, indem wir Salz hineinrühren. Im Toten Meer z. B. können auch Nichtschwimmer nicht untergehen. Es enthält so viel Salz, dass sich sogar ganz schwere Leute gemütlich aufs Wasser legen können und dabei etwa ein Buch lesen, ohne unterzugehen (➜ S. 27, Prof. Kleinstein macht Wetter, und S. 30, Regen im Zimmer).

Die Wasserknotendose

Wir brauchen: Konservendosen, 1 Bohrer (Ø 2 mm), Akkuschrauber, Holzrest, Tassen, Gläser, Laborgeräte, Nebenraum mit Waschbecken

Vorbereitung: Die Dosen spülen, mit dem Holzrest unterlegen und fünf kleine Löcher direkt am unteren Rand und in gleichem Abstand nebeneinander – etwa 3–5 mm – hineinbohren!

Die Kinder warten auf Prof. Kleinstein, der eigentlich schon längst da sein wollte. Da hören sie plötzlich jemanden im Nebenraum (mit Waschbecken!) singen. Neugierig schauen die Kinder nach und finden den Professor, der im Waschbecken einige Tassen, Gläser und Laborgeräte spült.

Spielleitung: „Hallo Professor, was tust du denn da? Ich dachte, du wolltest heute zu uns kommen und Experimente vorführen?"

Prof. Kleinstein: „Ja, das ist richtig und wie ihr seht, bin ich da und experimentiere auch schon!"

Spielleitung: „Aber Professor, du willst uns erzählen, dass du beim Spülen experimentierst?"

Prof. Kleinstein: „Aber ja, ohne Frage, Kinder, seht doch einmal her, diese alte Konservendose, da waren einmal Erbsen drin. Ich habe sie gespült und fünf kleine Löcher nebeneinander, in gleichem Abstand hineingebohrt direkt hier am unteren Rand. Ich halte jetzt die Löcher zu und fülle die Dose mit Wasser. Wenn ich dann die Löcher frei gebe, seht ihr das hier ... Jetzt berührt doch einmal die Wasserstrahlen mit den Fingern, so ja, seht ihr, was passiert?" *Die Kinder berühren die Wasserstrahlen, die sich verdrillen.*

Lösung: Die Wasserstrahlen strömen spiralförmig aus den Löchern und verbinden sich, indem sie sich umeinander zu wickeln scheinen, zu größeren Spiralen. Bei jeder Berührung mit den Fingern ändert sich die Zusammensetzung: Einmal sind drei zusammen, dann vier oder auch zwei mal zwei und einer alleine, alle fünf klappt auch, ist aber schwierig und braucht etwas Geduld.

Prof. Kleinstein: „Na, habe ich zu viel versprochen, Kinder? Ihr könnt die Wasserknotendose jetzt alle ausprobieren. Hier sind noch mehr davon."

Der Strudel im Waschbecken

Wir brauchen: das Spülwasser im Waschbecken von vorhin

Prof. Kleinstein: „So, und jetzt lassen wir das Spülwasser ab, aber nicht, ohne es für ein weiteres Experiment zu nutzen. Jetzt geht es wieder um ganz genaues Beobachten, Kinder. Stellt euch alle so hin, dass ihr gut sehen könnt. Ich werde jetzt den Stöpsel ziehen und das Wasser ablaufen lassen und ihr schaut, wie das Wasser das macht!" *Die Kinder schauen genau zu, wie das Wasser abläuft.*

Lösung: Das Wasser *läuft* nicht ab, es *strudelt* ab! Die Strudel- oder Spiralbewegung ist eine Fließform des Wassers. Das ist eine universale Gesetzmäßigkeit, das heißt: diese Gesetzmäßigkeit gilt nicht nur für den sichtbaren Bereich auf unserem Planeten sowie für den unsichtbaren in unserem Körper (z. B. Blutkreislauf, Struktur der DNS, Wasserzirkulation in unserem Körper), sondern auch weit draußen im Universum, wo sich unsere Galaxie spiralförmig um sich selbst dreht. Spiralformen finden wir in vielen Naturerscheinungen auf unserem Planeten, besonders oft, wenn Wasser im Spiel ist.

Wohin fließt das Wasser?

Prof. Kleinstein: „Unser Freund Archimedes hat sich über diese Vorliebe des Wassers zu strudeln und Spiralen zu bilden ziemlich viele Gedanken gemacht, denn er hatte vom König den Auftrag bekommen, eine Idee zu entwickeln, wie die Leute einfach und ohne große Mühe das Wasser auf den Berg bringen können, auf dem die Stadt lag. Was glaubt ihr, Kinder, wird das Wasser wohl von selbst den Berg hoch fließen?" *Die Spielleitung ermutigt die Kinder auch hier wieder selbst darüber nachzudenken, ob Wasser den Berg hoch fließen kann, oder nicht.*

Prof. Kleinstein: „Diese Frage können wir ganz leicht mit einem Experiment beantworten!"

Lösung: Wasser fließt immer zum tiefsten Punkt.

Wir bauen einen Wasserlauf

Wir brauchen: Bilder von Wasserläufen (am besten Luftaufnahmen), großes Papier, weiche Stifte oder Kohle, für einen Wasserlauf von 4–6 m Länge etwa 80–100 kg Ton oder Lehm (mindestens 10 kg für Reparaturen aufheben), 1 Eimer, Wasser (Soll der Wasserlauf in der Gruppe gebaut werden, brauchen wir zusätzlich: dicke Baufolie zum Unterlegen und um den Wasserlauf später ins Freie zu transportieren.)

Prof. Kleinstein: „Bevor wir im Experiment sehen können, ob Wasser den Berg hoch oder runter läuft, möchte ich mit euch erst einmal diese Flussbilder anschauen. Seht einmal, wie schön sich der Fluss durch die Landschaft schlängelt. Das Foto ist aus einem Flugzeug gemacht und zeigt einen richtig großen Fluss über viele Kilometer. So einen schönen Fluss, der sich wie eine Schlange durch die Wiesen schlängelt, wollen wir gleich bauen, um das Rätsel zu lösen. Dazu müssen wir wie die richtigen Baumeister erst eine Zeichnung machen. Jeder bekommt ein großes Papier und kann einen Wiesenschlangenfluss malen. Los geht's Kinder!"
Jedes Kind zeichnet einen Fluss. Wenn alle fertig sind, werden die Blätter so aneinandergeklebt, dass ein riesiger Flusslauf entsteht.
Spielleitung: „Kinder, das ist ja super geworden, was sagst du, Professor?"

Prof. Kleinstein: „Das ist eine tolle Grundlage für unser Flussprojekt. Am besten legen wir die Zeichnungen unter die Folie, damit wir beim Bauen alles gut im Blick haben und sehen, wie der Fluss sich schlängeln soll."
Spielleitung: „O. K., dann verteilen wir unser Material, jeder bekommt etwas Ton. Wir sollten das Flussbett ungefähr so breit wie meine Hand machen, da kann ich dann einfach nachmessen – und denkt daran, Kinder, der Rand des Flussbettes muss schön dick sein, damit er auch bei viel Wasser nicht wegbricht."

Tipp

Die Aktion kann den ganzen Nachmittag in Anspruch nehmen, vor allem, wenn den Kindern noch alle möglichen Kleinigkeiten einfallen wie Brücken, Stromschnellen, Schiffe und vieles mehr, was natürlich durchaus erwünscht ist. Genug Zeit einplanen!

Prof. Kleinstein: „Einen tollen Fluss habt ihr da gebaut! Jetzt müssen wir ihn nur noch hinausbringen. Wir fassen am besten alle zusammen an und auf drei heben wir gemeinsam an und legen ihn draußen auf der Terrasse ab. 1 – 2 – 3! Bevor wir das Wasser aus dem Eimer direkt in den Flusslauf gießen und dann sehen können, wohin es fließt,

habe ich noch eine Idee. Nehmt euch Zeit und überlegt gut, wohin das Wasser wohl fließen wird. Natürlich könnt ihr auch Wetten abschließen, wohin sich das Wasser bewegt. *Wenn alle Kinder bereit sind, gießt die Spielleitung etwas Wasser in das Flussbett, aber es fließt nicht richtig, sondern bleibt bald als kleine Pfützen stehen.*

Prof. Kleinstein: „Na, das scheint so nicht zu funktionieren. Wer hat eine Idee, was wir verbessern können?“ *Die Spielleitung sammelt und moderiert die Ideen der Kinder.*

Lösung: Das Flussbett benötigt etwas Gefälle, damit das Wasser auch fließen kann. Also am besten an einen kleinen Hang legen.

Prof. Kleinstein: „O. K., Kinder, jetzt könnt ihr doch bestimmt unsere Frage lösen: Fließt das Wasser den Berg hoch oder runter?“

Lösung: Wasser fließt immer den Berg hinunter, der Erdanziehungskraft entsprechend. Wenn es den Berg hoch fließen soll, muss es überlistet werden!

Die Spirale des Archimedes oder wie Wasser auf den Berg kommt

Wir brauchen: 1 durchsichtigen PVC-Schlauch (am besten mit Metallspirale innen), 1 Besenstiel, Kabelbinder, einige Spaxschrauben, Akkuschrauber, kleiner Bohrer, Rundholz in Besenstieldicke (15 cm lang), Bohrer von entsprechendem Durchmesser, 2 Eimer, Wasser

Vorbereitung

- In den Holzrest zwei große Löcher bohren und das eine auf den Besenstiel, in das andere das Rundholz (15 cm) stecken.
- Den Schlauch um den Besenstiel winden und mit Kabelbindern befestigen.
- Jeweils durch Holz und Stiel bohren und mit einer Spaxschraube von geeigneter Länge festsetzen.
- Einen Eimer mit Wasser füllen.

Prof. Kleinstein: „Um das Wasser auf den Berg zu transportieren, hat sich unser Freund Archimedes etwas ganz Tolles einfallen lassen." *Die Kinder überlegen verschiedene Möglichkeiten.*

Prof. Kleinstein: „Das Wasser zu tragen wäre eine Möglichkeit gewesen, aber das war schwere Arbeit. Deshalb erwartete der König eine Erfindung, die das Leben leichter machen würde."

Prof. Kleinstein: „Schaut einmal, Kinder, dies hier ist die Lösung, auf die Archimedes gekommen ist. Dieses Gerät nennen wir deshalb auch ‚Die Spirale des Archimedes'.

Das untere Ende der Spirale muss hier im Wasser eintauchen. Unter das obere Ende stellen wir den leeren Eimer. Jetzt kann es losgehen, wer möchte einmal kurbeln? Etwas Geduld müssen wir natürlich haben, aber wenn ihr das untere Ende des Schlauches jedes Mal gut eintaucht, dauert es nicht lange bis hier oben ..."

Lösung: Das Wasser kommt wirklich am oberen Ende heraus! Dennoch ist es stets zum tiefsten Punkt gelaufen, nur lag der nach einer Umdrehung der Spirale eben etwas höher als der vorherige.

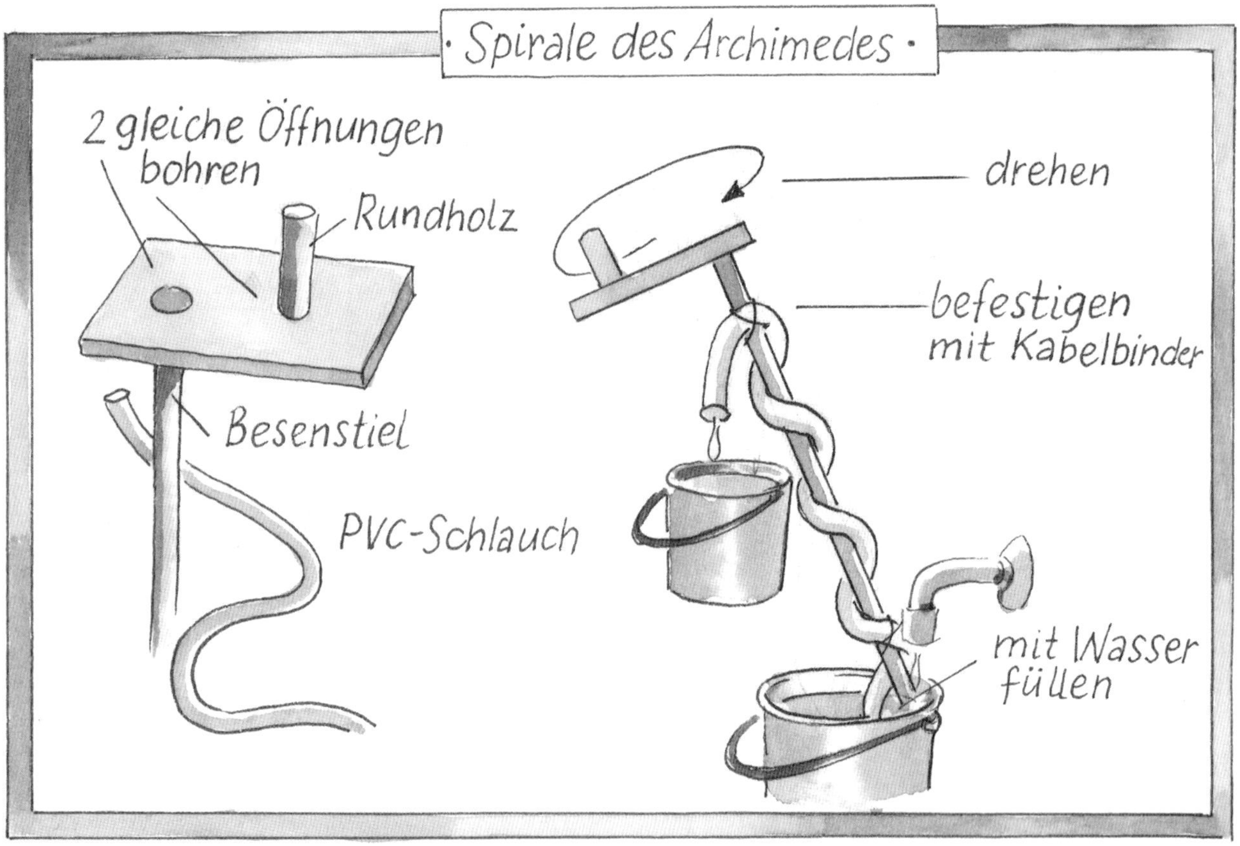

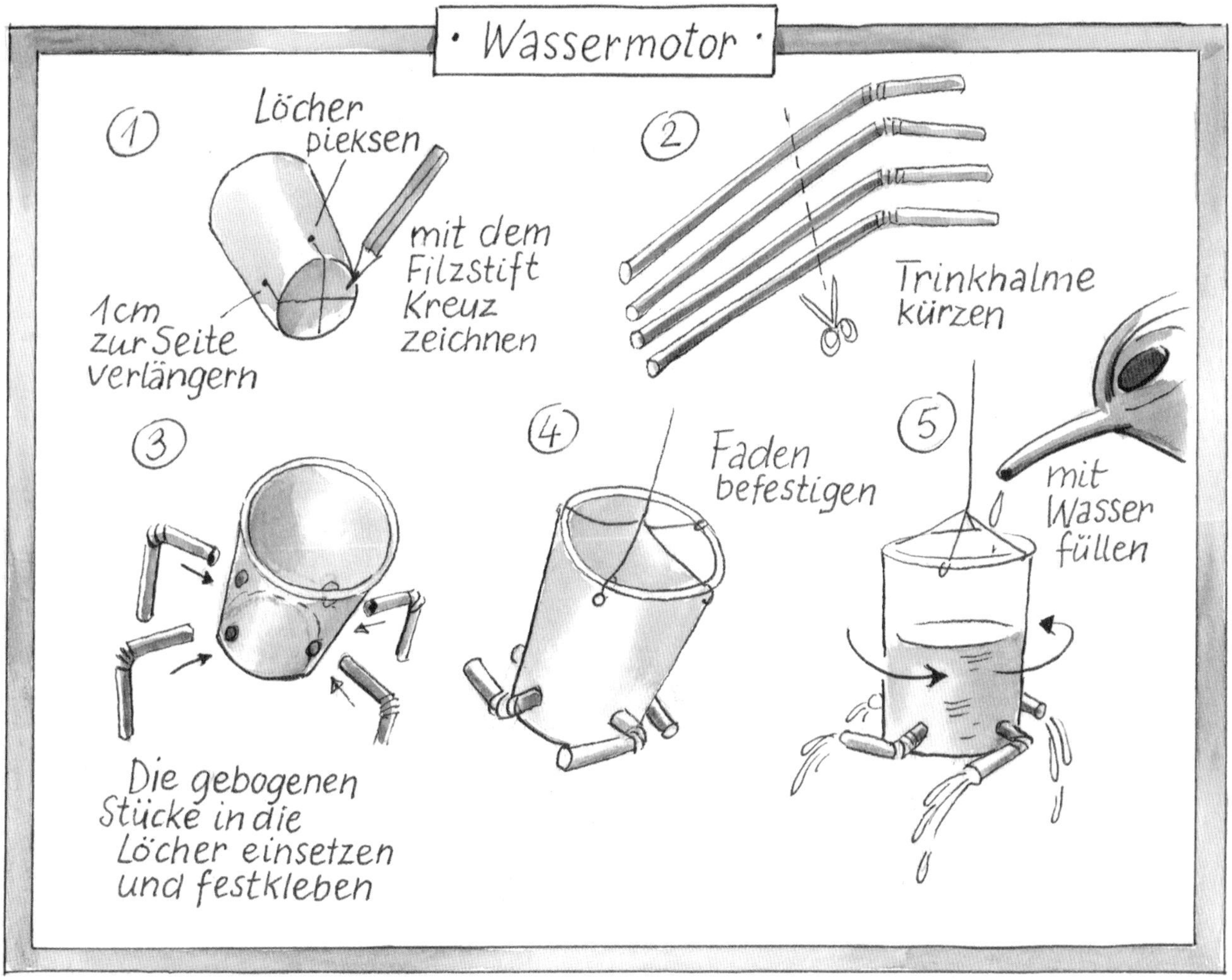

Der Wassermotor

Wir brauchen: 1 oder mehrere Pappbecher (dürfen ruhig benutzt sein), pro Becher 4 Trinkhalme mit knickbarem Hals, Heißklebepistole, Filzstift, Schere, 1 Dorn oder Nagel, Faden

Vorbereitung

- Mit dem Filzstift ein symmetrisches Kreuz auf den Becherboden malen und an den Enden die Kreuzbalken an der Seitenwand des Bechers etwa 1 cm hochziehen.
- An diese Stellen Löcher im Durchmesser der Trinkhalme pieksen.
- Die Trinkhalme so kürzen, dass sie vor und nach dem Knick gleich lang sind.
- Diese zu 90° gebogenen Stücke jeweils in ein Loch einsetzen und mit der Klebepistole dicht verkleben, so dass kein Wasser neben dem Halm entweichen kann.
- Am oberen Rand des Bechers über Kreuz vier Löcher anbringen und die gegenüber liegenden Löcher mit dem Faden locker verbinden.
- Den Schnittpunkt der beiden Fäden mittig mit einem weiteren Fadenstück verknoten, damit das ganze Gebilde nur an einem Faden hängen und sich drehen kann.
- Wenn man von oben auf den Becher schaut, müssen alle Halme in die gleiche Richtung zeigen. Fertig ist der Wassermotor.

Prof. Kleinstein kommt ganz aufgeregt in die Gruppe gerannt.

Prof. Kleinstein: „Stellt euch vor, Kinder, ich habe es entdeckt, es ist gelungen, ich hab's!!"

Spielleitung: „Langsam, Professor, so reg dich doch bitte nicht so auf, setz dich erst einmal hin und erzähle in aller Ruhe!"

Prof. Kleinstein: „Ja, natürlich, gerne, aber es ist so großartig. Stellt euch vor, ich suche schon lange nach einem Motor, der vielleicht eines Tages in alle Autos eingebaut werden könnte, der nicht mit giftigen Abgasen unsere Luft verschmutzt und die Menschen krank macht. Und jetzt ist es mir doch tatsächlich gelungen einen Wassermotor zu bauen!"

Spielleitung: „Toll, und wo hast du diesen großartigen Wassermotor?"

Prof. Kleinstein: „Na hier, in meiner Tasche. Kommt, Kinder, ich zeige euch, wie der funktioniert!" *Prof. Kleinstein holt seinen präparierten Pappbecher aus der Tasche und geht zum Waschbecken.*

Prof. Kleinstein: „So, jetzt klettere doch einmal einer von euch auf einen Stuhl und halte den Wassermotor über das Becken! Ich fülle Wasser ein und ab geht's! Schaut einmal, Kinder, wie er sich dreht. Habt ihr eine Idee, wie das Wasser das macht?"

Lösung: Der Rückstoßdruck des ausströmenden Wassers verursacht die Drehung. Das Prinzip ist das einer Rakete, nur dass in unserem Fall die Rückstoßenergie sehr klein ist und bei dem Antrieb der Rakete sehr groß. Wenn jedoch das Objekt klein und leicht und an nur einem Punkt aufgehängt ist, reicht der Druck aus (→ S.82, Prof. Kleinstein geht in die Luft).

Professor Kleinstein macht Wetter

Keine Frage: ohne Wasser gäbe es nicht nur keine Menschen, Tiere und Pflanze, es gäbe auch kein richtiges Wetter, sondern nur Wind, Hitze und Kälte. Nur weil sich unser Wasser so toll verwandeln kann, kann es einmal regnen, schneien, hageln oder sich als Nebel über den Wiesen aufhalten. Das Wasser ist ein richtiger Verwandlungskünstler. Wie es das macht und vor allem wann, hängt ganz von der Temperatur ab. Ist es schön warm, verdunstet das Wasser der Seen und Flüsse und vor allem natürlich der Meere. Es steigt als Wasserdampf auf, wie wir das aus der Küche kennen, wenn wir z. B. Nudeln kochen. Der Dampf ist viel leichter als die übrige Luft und deshalb steigt er hoch und bildet am Himmel Wolken. Je nachdem, wie stark der Dampf dann in den höheren Luftschichten abkühlt, gibt es entweder Regen, Schnee, oder wenn's ganz kalt ist, auch Hagel. Das Wasser versickert in der Erde und speist unterirdisch Bäche und Flüsse oder es gelangt sofort dort hinein. Alle Flüsse wiederum fließen irgendwann ins Meer. Dann ist das Wasser wieder da angekommen, wo seine Reise begonnen hat. Damit das alles aber passieren kann, braucht es Antriebsenergie wie bei einem Motor, und diese Energie kommt natürlich von der Sonne. Ihre warmen Strahlen sind es, die für die Wasserverdunstung sorgen. Ohne unsere Sonne wäre Wetter auf unserem Planeten in dieser Form gar nicht möglich (➔ S. 37, Prof. Kleinstein und der Tagesstern).

Der Zustand der Dinge

Wir brauchen: 3 Plastik- oder Pappbecher, Wasser
Vorbereitung: Einen Becher zu ¾ mit Wasser füllen und gefrieren.

Auf dem Tisch vor Prof. Kleinstein stehen drei Becher. Der erste Becher ist leer, der zweite mit Wasser gefüllt und im dritten Becher ist Eis. Die Kinder betreten den Raum.
Spielleitung: „Na so was, du bist ja schon da, Professor!"
Prof. Kleinstein: „Hallo zusammen, äh, ja, tatsächlich, ich bin schon hier, aber ich habe ein Problem."
Spielleitung: „Können wir dir vielleicht helfen?"
Prof. Kleinstein: „Nun, wenn ich das wüsste! Ich habe hier drei Becher, weil ich euch die drei Formen des Wassers zeigen wollte. Als Dampf, flüssig und fest, als Eis. Aber jetzt kann ich den Dampf nicht mehr finden!"
Spielleitung *(lacht)*: „Na so was, Professor, aber wir können doch so tun, als ob im ersten Becher Wasserdampf wäre, denn Luft ist sowieso drin und die enthält immer auch etwas Wasserdampf."
Prof. Kleinstein: „Ja natürlich, das ist eine gute Idee, vielen Dank. Also Kinder, hier haben wir drei Becher mit Wasser in drei verschiedenen Formen, die man auch ‚Aggregatzustände' nennt: gasförmig, flüssig und fest, also Wasserdampf, Wasser und Eis. Versucht doch einmal die Becher der Reihe nach zusammenzudrücken!" *Die Kinder drücken die Becher und bekommen so eine Vorstellung davon, wie sich Gase, Flüssigkeiten und Feststoffe unterscheiden.*
Prof. Kleinstein: „Das flüssige Wasser kennt ihr schon sehr gut und wir haben viel damit ausprobiert, daher wisst ihr auch schon, dass es jede Form einnehmen kann. Gase, wie Wasserdampf, können das auch, aber sie sollten in Gefäße eingesperrt werden, sonst geht es wie bei mir, und Schwupps ist alles weg. Das Eis dagegen ist fest und der Becher lässt sich nicht verformen. Wie kommt es nun, dass unser Wasser sich in drei verschiedene Formen verwandeln kann?"
Lösung: Die Temperatur ist entscheidend für die Form, die das Wasser einnimmt. Bei Temperaturen über Null, wie bei uns zwischen Mai und September, ist unser Wasser draußen flüssig, im Winter, wenn es friert, sinkt die Temperatur unter Null und unser Wasser wird in Pfützen und kleinen Teichen zu Eis. Wenn es besonders kalt ist, frieren auch größere Seen und Flüsse zu. Zu Dampf wird es, wenn wir es erhitzen!

Atomspiel

Wir brauchen: viel Platz

Prof. Kleinstein: „Tja Kinder, jetzt frage ich mich, wie kommt es nur, dass unser Wasser so ein Verwandlungskünstler ist und mal als Dampf, mal als Flüssigkeit und dann wieder als festes, hartes Eis auftritt? Habt ihr da eine Idee?" *Die Spielleitung moderiert und sammelt die Ideen der Kinder.*

Prof. Kleinstein: „Ich muss euch etwas verraten, was ihr gar nicht wissen könnt. Also, die drei Zustände: fest, flüssig und gasförmig (dampfig) werden durch die kleinsten Teile hervorgerufen, aus denen jeder Stoff besteht. Sie heißen Atome. Das Wort Atom kommt vom griechischen *atomos* und heißt ‚unteilbar'. Jeder Stoff, jedes Ding und überhaupt alles auf der Erde und darüber hinaus besteht aus Atomen. Das kann man sich gar nicht so vorstellen, aber es ist so. Bei unserem Spiel wollen wir sehen, wie Atome sich verhalten, denn davon hängt es ab, welchen Zustand der Stoff, in unserem Fall das Wasser, hat, also ob es flüssig, fest oder gasförmig ist." *Die Kinder bilden drei Gruppen und verteilen sich möglichst gerecht.*

Prof. Kleinstein: „Ihr seid die Atome, die das Wasser bilden, Kinder, aber der Zustand der ersten Gruppe ist Eis. Was wisst ihr über das Eis?"

Lösung: Eis ist kalt, hart, schwimmt auf Wasser, kann Sprudelflaschen sprengen, wenn die Flasche voll war und einfriert.

Prof. Kleinstein: „Dann bedeutet das also für die Atome im Eis, dass sie ganz doll zusammenhalten. Also bitte, Kinder, bildet mal einen Eisblock!" *Die Kinder haken sich ganz eng unter und bilden einen festen Block, vielleicht sogar mehrere hintereinander.*

Spielleitung: „Die zweite Gruppe ist das flüssige Wasser. Was wisst ihr über flüssiges Wasser?"

Lösung: Flüssiges Wasser bildet Tropfen, kann jede Form einnehmen, lässt sich gut verformen, fließt schnell weg ...

Prof. Kleinstein: „Wenn wir uns jetzt die Kinder der Eisgruppe anschauen, wie eng die zusammenstehen, wie müssten dann die Atome im flüssigen Wasser sein?" *Die Kinder halten sich bei der Hand oder am Pullover fest, stehen aber nicht so im Block wie die Eisatome.*

Spielleitung: „Jetzt noch die dritte Gruppe. Ihr stellt Wasserdampf dar. Was wisst ihr über Dampf?"

Lösung: Dampf ist heiß, kann schweben, steigt auf, ist feucht, verflüchtigt sich ganz schnell. Wenn er z. B. auf kalte Fensterscheiben trifft, kondensiert er zu Wasser.

Prof. Kleinstein: „Toll, Kinder, wie könnten wir die Atome im Dampf denn jetzt darstellen? *Die Kinder rasen wie wild einzeln durch den Raum und sind freier als alle anderen.*

Regen im Zimmer

Wir brauchen: Wärmequelle (elektrische oder gasbetriebene Kochplatte oder Campingkocher), 1 Topf mit Deckel, etwas Wasser, Salz, 1 Löffel, 1 Einkochthermometer

Prof. Kleinstein: „Habt ihr alle einen Regenschirm dabei? Wir wollen heute Regen machen."
Spielleitung: „Aber Professor, du willst es doch nicht etwa im Zimmer regnen lassen, dir traue ich ja alles zu!"
Prof. Kleinstein: „Keine Angst, nur ein ganz kleines bisschen, versprochen! Also, jetzt wollen wir einmal sehen, wie die Sonne das Wetter macht, jedenfalls wie der Regen entsteht. In der Rolle der Sonne darf ich euch meinen Kocher vorstellen, den nehme ich sonst zum Camping mit. Dann haben wir hier noch einen Topf, der spielt heute das Meer, und natürlich Wasser, aber Moment, da fehlt noch etwas … Könnt ihr einmal das Wasser probieren und mir sagen, ob das wirklich Meerwasser ist?" *Alle Kinder probieren und überlegen, ob das nach Meerwasser schmeckt!*
Lösung: Es fehlt das Salz!

Prof. Kleinstein: „Da muss noch Salz rein, genau, Meerwasser ist salzig. Übrigens gibt es davon viel mehr als von unserem so genannten Süßwasser, ein weitere Grund, mit unserem Trinkwasser sparsam umzugehen." *Prof. Kleinstein rührt ordentlich Salz ins Wasser.*
Prof. Kleinstein: „Na, wer will einmal probieren, wie das selbst gemachte Meer schmeckt?" *Die Kinder probieren das „Meerwasser".*

Tipp
Es ist wichtig für das Ergebnis des Versuchs, dass die Kinder den Unterschied selbst feststellen. Deshalb unbedingt probieren lassen.

Prof. Kleinstein: „Uh, das war aber sehr salzig, nun gut. Ja, jetzt den Kocher anstellen, der spielt ja heute die Sonne, das Thermometer rein, damit wir nachher sehen können, bei welcher Temperatur unser Wasser kocht, und schon geht's los. Schaut einmal ganz genau in den Topf, was da passiert."
Lösung: Der Kochprozess beginnt mit Bläschenbildung am Topfboden, dann steigt Wasserdampf nach oben, schließlich werden die Blasen immer größer, bis das Wasser brodelt. Wenn es soweit ist, zeigt das Thermometer 100 °C an.

Prof. Kleinstein: „So, jetzt kommt der Deckel ins Spiel, der ist kalt und spielt jetzt die kühlen Luftschichten, die weit oben über uns schweben. Wenn jetzt der Dampf auf diese Schichten auftrifft, passiert etwas ganz Erstaunliches. Wer hält den Deckel über den Topf, so etwas schräg bitte, damit wir sehen können, was sich tut?"
Lösung: Der Wasserdampf setzt sich am Deckel ab, zuerst wie ein Nebel, dann bilden sich Tröpfchen, die sich schnell zu kleinen Rinnsalen verbinden und zurück in den Topf fließen.

Prof. Kleinstein: „Da ist ja unser Regen, Kinder! Aber wie ist das denn, wenn es regnet, schmeckt der Regen denn salzig? Unser Meerwasser war ja schon ziemlich salzig. Wer möchte jetzt einmal probieren, ob unser Regen auch salzig schmeckt?"

Lösung: Die Tropfen, die vom Deckel kullern, schmecken eigentlich nach nichts, keinesfalls aber salzig.

Prof. Kleinstein: „Wenn ihr jetzt wissen wollt, wo denn das viele Salz geblieben ist, das wir vorher ins Wasser gerührt haben, damit es richtiges Meerwasser wurde, müsst ihr noch etwas warten, nämlich so lange, bis alles Wasser aus dem Topf verschwunden ist. Das dürfte höchstens noch ein paar Minuten dauern, ja, ich sehe schon so etwas Weißes. Jetzt aber schnell runter vom Kocher, sonst verbrennt es noch."

Spielleitung: „Ich sehe es auch, das muss unser Salz sein. So kann man also aus dem Meer Salz gewinnen: Das Wasser verdunstet und übrig bleibt Salz. Das ist ja ganz einfach, Professor!"

Prof. Kleinstein: „Ja, hört sich einfach an. Aber wie bei jeder Arbeit ist es ganz schön schwer, das in die Praxis umzusetzen. Die Salinenarbeiter, so nennen wir die Leute, die das Salz gewinnen, verrichten in brütender Hitze einen schweren Job."

Spielleitung: „Aber, wie kommt denn nun das ganze Salz ins Meer rein? Hat das denn jemand da reingestreut, so wie du vorhin?"

Prof. Kleinstein: „Nicht so ganz, das ist eine längere Geschichte."

Spielleitung *(wenn die Kinder nicht selbst darum bitten)*: „Au ja, erzähl uns die Geschichte, wie das Salz ins Meer kommt!"

Wie das Salz ins Meer kam

Es war einmal ein kleiner Wassertropfen, der spielte im großen Meer mit seinen Freunden. Sie tobten und rauschten, planschten und schäumten, dass es eine Freude war. Sie ließen sich vom Wind hinaustreiben und zu einer Welle mit schaumiger Krone auftürmen, um wenig später krachend an den Strand zu klatschen. Es war wundervoll, sie liebten dieses Spiel und hätten nie damit aufhören wollen, wenn, ja wenn nicht die Sonne gewesen wäre. Die Sonne kitzelte mit ihren heißen Strahlen auf der Welle jeden einzelnen von ihnen durch. Und weil der kleine Wassertropfen so klein war, hat die Sonne ihn schon mit dem ersten Durchkitzeln in Wasserdampf verwandelt. Huh, das war vielleicht ein Gefühl, großartig, sage ich euch. Der Kleine fühlte sich so leicht, so was von leicht, er hätte jubeln mögen, und immer höher stieg er, immer höher. Wunderbar war das, und was man von hier oben alles sehen konnte, unglaublich! Unter ihm seine Freunde, das ganze große Meer wurde immer kleiner und kleiner. Weit in der Ferne konnte er die Berge sehen, von denen die älteren Wassertropfen immer erzählt hatten, und gerade dachte er noch, wie schön und leicht er sich fühlte und wie groß er geworden war, wie mächtig er sich ausgedehnt hatte und wie lustig es war, wenn der Wind durch ihn hindurch sauste, da passierte es! Plötzlich wurde es bitterkalt. Er fühlte, wie sich alles in ihm wieder zusammenzog, wie er wieder klein und schwer wurde. Und auf einmal waren da ganz viele andere Tropfen, die alle ein erstauntes Gesicht machten. In freiem Fall stürzten sie der Erde entgegen. Erst hatte er etwas Angst, aber dann erinnerte er sich an die wilden Spiele mit seinen Freunden im Meer und es begann ihm Spaß zu machen. Immer schneller wurde jetzt der Sturz aus der Wolke. Und dann klatschte er plötzlich mit einem ohrenbetäubenden Knall auf einen Stein, wurde zurück in die Luft geschleudert und landete ganz sanft im weichen Moos. „Junge, Junge", dachte unser Wassertropfen, „das wäre beinahe schief gegangen." Erleichtert kuschelte er sich ins weiche Moos und war kurz darauf eingeschlafen. Er träumte vom Meer und von seinen Freunden und als er aufwachte, wusste er erst gar nicht, wo er war. Aber sehr schnell fiel ihm alles wieder ein. Und während er sich noch reckte und streckte, glitt er aus seiner Kuhle im Moos, rutschte in eine Spalte im Gestein und verschwand im Dunkeln. „Hallo, ist da jemand?", rief er in die Dunkelheit, aber niemand antwortete. Er konnte nicht anhalten – er kullerte sogar immer schneller. Doch dann hörte er in der Ferne ein vertrautes Geräusch: Das Rauschen des Wassers. „Juchhu", dachte er, „jetzt bin ich gleich wieder zu Hause." Das machte ihn sogleich so mutig, dass er bei seiner rollenden Fahrt hier ein wenig und dort ein bisschen an den Steinen leckte. Und ehe er sich versah, hatte er einen ganz salzigen Geschmack. Dann tauchte vor ihm ein Fluss auf, der durch den Berg rauschte. „Da sind Freunde", dachte er und stürzte sich augenblicklich hinein. War das eine Freude mit all den anderen Wassertropfen dahin zu schießen, um Steine zu strudeln und durch Felsspalten zu gluckern. Wenn er das zu Hause erzählte, bestimmt würde es keiner glauben. Dann, nach langer, langer Zeit wurde es wieder heller und schließlich sah unser kleiner Wassertropfen die Sonne wieder und wurde von dem mittlerweile riesigen Fluss hinaus ins Meer getragen.

Es dauerte Monate, aber dann hatte er endlich seine Freunde wieder gefunden, einige jedenfalls, denn vielen war es genauso ergangen wie ihm und sie waren noch unterwegs. Die älteren Wasser-

tropfen nickten verständnisvoll, als er aufgeregt von seiner Reise und all den Abenteuern erzählte. „Ja, Jungchen", sagten einige, „diese Reise haben wir schon viele Tausend Mal gemacht und wir haben noch immer Spaß daran."

In dieser Nacht konnte er nicht schlafen. Die Alten hatten ihm erzählt, dass alles ein großer Kreislauf ist. Die Wassertropfen verdunsten, steigen hoch zum Himmel, kühlen sich dort oben ab und regnen als Tropfen auf die Erde. Unterwegs können sie nicht widerstehen an dem salzhaltigen Gestein zu schlecken, werden salzig und bringen so über die Flüsse das Salz ins Meer. Plötzlich war er mächtig stolz. Ja, wenn er und seine Freunde nicht wären, würde das Meer immer weniger salzig werden und alle Tiere, die sich in Jahr Millionen an das Salz im Meer gewöhnt haben, würden sterben müssen. Er hatte also eine wichtige Aufgabe. Und schon morgen wollte er wieder losziehen, neue Abenteuer bestehen und neues Salz mitbringen. Er legte sich auf die Oberfläche einer kleinen Welle, die sanft im Mondlicht dahinschaukelte, und träumte von der Sonne und davon, wie wohl seine nächste Reise werden würde.

Wie salzig ist das Meer?

Wir brauchen: 1-l-Messbecher, 1 kleiner Salzstreuer mit Kochsalz

Spielleitung: „Sag einmal, Professor, wie salzig ist das Meer denn nun wirklich? Wird das nicht immer salziger, wenn so viele Wassertropfen auf Reisen gehen?"
Prof. Kleinstein: „Das ist eine sehr gute Frage! In einem Liter Meerwasser *(zeigt den Messbecher mit 1 l Wasser)* steckt so viel Salz wie in einem handlichen Salzstreuer. *(Zeigt den Salzstreuer und reicht ihn den Kindern),* etwa 30 g. Und das ist schon sehr, sehr lange so, schließlich wird auch viel Salz verbraucht. Viele Meerestiere verzehren Salz und benutzen es zum Aufbau ihrer Schalen wie Muscheln, Schnecken und Seeigel. Auch viele Fische verbrauchen Salz. Die Menschen gewinnen Salz aus dem Meer und verwenden es zum Kochen. Ohne Salz würden euch die meisten Speisen nicht schmecken. Deshalb hat der kleine Wassertropfen natürlich Recht: Es ist wichtig, dass der Kreislauf nicht unterbrochen wird."

Die kleine Regentropfenmusik

Wir brauchen: verschiedene Gefäße (Flaschen in verschiedenen Größen, Teller und Tassen aus verschiedenem Material, Eimer, Krüge, Deckel, Dosen, Vasen, Kannen, Gläser, Töpfe, Bratpfannen), Kassettenrekorder mit Mikrofon – und ganz viel Regen

Prof. Kleinstein: „Schaut einmal, Kinder, wie doll es regnet. Da wird der kleine Wassertropfen aus unserer Geschichte aber Spaß haben. Was haltet ihr davon, wenn wir ihm eine musikalische Überraschung bereiten?"
Spielleitung: „Tolle Idee, Professor. Sollen wir ein Regenlied singen?"
Prof. Kleinstein: „Das wäre für den Anfang gar nicht schlecht, aber ich hatte eigentlich an etwas Ausgefalleneres gedacht. Wir könnten ganz verschiedene Gefäße, z. B. Flaschen in verschiedenen Größen, Teller und Tassen aus verschiedenem Material, Eimer, Krüge, Deckel, Dosen, Vasen, Kannen, Gläser, Töpfe und Bratpfannen auf die Terrasse tragen und in den Regen stellen. Vom offenen Fenster aus können wir dem Lied zuhören, das uns die Regentropfen darauf spielen. Wenn wir den Kassettenrekorder an einen regengeschützten Ort stellen, können wir das Regentropfenkonzert sogar aufnehmen. Dann hören wir es uns vielleicht an einem heißen Sommertag an, um uns etwas abzukühlen."

Klangstrudel

Wir brauchen: 1 Klangschale, 1 Klöppel, etwas Wasser

Prof. Kleinstein: „Kennt ihr dieses Musikinstrument, Kinder? Hab' ich's mir doch gedacht! Also, das ist eine Klangschale und die heißt so, weil es eine Schale ist, die ganz besonders klingt. Schließt einmal die Augen und versucht zu hören, woher der Klang kommt." *Die Kinder schließen die Augen, Prof. Kleinstein streicht mit dem Klöppel über den Rand der Klangschale.*
Prof. Kleinstein: „Nun, was meint ihr, wo war der Klang, wo habt ihr ihn gehört?"

Lösung: Es entsteht der Eindruck, als käme der Klang von weit her und würde den ganzen Raum ausfüllen, um dann wieder in die Weite zu entschwinden.

Prof. Kleinstein: „Die Klangschale hat noch ganz andere Fähigkeiten. Seht einmal her, was passiert, wenn Wasser darin ist, und ich jetzt die Klangschale zum Klingen bringe!" *Prof. Kleinstein streicht mit dem Klöppel die Klangschale an und das Wasser fängt an zu sprudeln.*
Spielleitung: „Wahnsinn, wie kommt denn das?"
Lösung: Es entsteht ein Strudel, dessen Richtung der Klöppelbewegung folgt. Wassertropfen werden hoch geschleudert, weil sich die Schwingung der Schale auf das Wasser überträgt.

Minitreibhaus

Wir brauchen: pro Treibhaus 1 Blumentopf (Ø 18 cm) oder 1 Schale, Blumenerde, Moos, Gras, evtl. 1 Blume mit Zwiebel, Schaschlikspieße oder ganz schmale Holzleistchen, Frischhaltefolie, 1 Gießkanne, Wasser, Wäscheklammern

Spielleitung: „Was machst du denn da, Professor, können wir mitmachen?"
Prof. Kleinstein: „Ich baue ein Treibhaus. Wenn ihr wissen wollt, wie das geht, baut ihr am besten auch eins. Es ist ganz einfach:

- Ich gebe die Blumenerde in den Topf und setze die Blume in ein Loch in der Mitte.
- Dann gieße ich etwas Wasser an und setze das Moos drum herum.
- In die Lücken zwischen das Moos kommt noch etwas Gras.
- Zum Schluss gieße ich etwas Wasser hinzu, aber nicht zu viel.
- Dann stelle ich in dem Topf 4–5 Stäbchen wie in einem Indianerzelt auf, so dass sie sich oben berühren.
- Jetzt die Frischhaltefolie eng darumwickeln und oben mit der Klammer zusammenhalten. Fertig."

Spielleitung: „Super, aber was willst du denn jetzt damit machen?"
Prof. Kleinstein: „Wir stellen die Gewächshäuser auf das Fensterbrett und wenn die Sonne darauf scheint, können wir die Reise unseres Wassertropfens in Miniatur erleben."
Spielleitung: „Du meinst die ganze Reise, Verdunsten zu Wasserdampf, wieder zu Regen werden und dann wieder von vorne?"
Prof. Kleinstein: „Wir können tatsächlich sehen, wie Wasser verdunstet, an der Folie kondensiert und wieder zurücktropft."

Professor Kleinstein und der Tagesstern

Wenn wir Leute auf der Straße fragen würden, wann denn Sterne zu sehen sind, werden die meisten antworten: „Die können wir leider nur in der Nacht sehen, wenn es richtig dunkel ist." Für die allermeisten Sterne im Weltall trifft das ja auch zu. Einen gibt es aber, den können wir hier bei uns, auf dem schönen Planeten Erde, auch am Tage sehen. Das ist ja auch nur gerecht, denn nachts, wenn die Sterne über den Himmel ziehen, schlafen wir ja, jedenfalls meistens. Da ist es natürlich praktisch, einen Tagesstern zu haben, den wir am Tag sehen können. Wer sich jetzt wundert, der sei ganz beruhigt. Ihr kennt ihn nur unter einem anderen Namen. Der Tagesstern ist nämlich unsere Sonne. Dazu fallen euch jetzt bestimmt viele Fragen ein, z. B.: Wie kann denn unsere alte Sonne ein Stern sein? Und wenn sie einer ist, was ist dann mit den anderen Sternen? Sind das am Ende auch alles Sonnen?

Fragen über Fragen. Aber so ist das nun einmal, wenn wir anfangen Fragen zu stellen, dann fallen uns immer neue Fragen ein, und wisst ihr was? Das ist ganz prima so, denn Neugierde ist der Anfang aller Forschung. Außerdem, wer neugierig ist und nicht aufhört Fragen zu stellen, alles ganz genau wissen will und sich nicht mit einfachen Antworten zufrieden gibt, der weiß bald ganz viel über unsere Welt. Wer viel weiß, kann sich auch viel besser vorstellen, dass unsere Erde Pflege braucht und mit Vorsicht behandelt werden muss, wie ein tolles Geschenk. Anderenfalls ist sie schneller kaputt als wir gucken können und das wäre ziemlich dumm, denn wir haben schließlich keine Ersatzwelt im Kofferraum. Im Gegenteil, wir haben wirklich Glück gehabt, dass die Erde sich überhaupt so entwickelt hat, wie sie jetzt ist, oder besser wie sie war, als die ersten Menschen dazukamen. Denn so selbstverständlich, wie wir oft glauben und wie es ja auch den Anschein hat, ist das längst nicht. Nehmen wir als Beispiel nur einmal unseren Schwesterplaneten: die Venus. Sie ist fast genauso groß wie die Erde, aber leider näher an der Sonne, was ein Grund für ihre hohe Oberflächentemperatur von 460 °C ist. Das ist ungefähr zehnmal so heiß wie unsere allerheißesten Sommer, wenn wir schon ganz tüchtig schwitzen, es in der Schule hitzefrei gibt, jeder nur ins Wasser will oder wenigstens in den Schatten und Eis essen zur Lieblingsbeschäftigung wird. Leben, wie wir es kennen, kann es bei solchen Temperaturen nicht geben. Wenn wir näher an der Sonne wären, wäre die Erde zu einer ebensolchen Gluthölle geworden wie die Venus. Andererseits, wären wir viel weiter weg, wäre das Gegenteil passiert und unsere Erde hätte sich in eine Eiswelt verwandelt. Ihr seht, was wir für ein Glück haben. Und das ist noch nicht alles: Auf der Venus gibt es keine Luft zum Atmen wie bei uns, sondern nur Kohlendioxid (das ist das Rülpsgas aus dem Sprudelwasser). Leider können wir es nicht einatmen, ohne daran zu sterben. Also, auch unsere Atmosphäre ist ein großes Glück, denn die Erde ist tatsächlich der einzige Planet im ganzen Sonnensystem, dessen Atmosphäre zu einem Viertel aus Sauerstoff besteht. Der Sauerstoff ist ein fortwährendes Geschenk der Pflanzen an uns Menschen und natürlich auch an die Tiere. Pflanzen verbrauchen nämlich Kohlendioxid und machen mit Hilfe von Sonnenlicht Sauerstoff daraus. Das ist doch toll: Die Erde hat genau den richtigen Abstand zur Sonne, damit uns weder zu heiß noch zu kalt wird, die Pflanzen sorgen für den Sauerstoff zum Atmen und was machen wir? Genau, wir verderben alles mit Abgasen, Waschmitteln, Ölteppichen, Müll und Lärm. Da hat unser Planet als einziger im ganzen Sonnensystem – und vermutlich sogar noch weit darüber hinaus – dafür gesorgt, dass wir optimale Bedingungen haben, um hier zu leben, und wir Menschen geben uns die größte Mühe, alles kaputt zu machen. Und warum? Nun, vermutlich weil zu wenige wissen, wie viel Glück wir mit unserer Erde haben, denn das findet nur heraus, wer sich mit dem Sonnensystem, also mit unseren neun Planeten, die sich um unseren Tagesstern, die Sonne drehen, beschäftigt. Wer einmal verstanden hat, was es alles brauchte, damit auf diesem Planeten Leben möglich wurde, der wird sich bestimmt bemühen keinen Schaden mehr anzurichten. Natürlich ist es auch spannend etwas über Planeten, Sonnen, Sterne und Monde zu erfahren. So manches Geheimnis wartet darauf gelüftet zu werden (➜ S. 50, Prof. Kleinstein sieht Sterne).

Tagesstern

Wir brauchen: 1 kleines Tuch, heißes Wetter

Prof. Kleinstein schwitzt, was das Zeug hält. Als die Kinder herein kommen, wischt er sich mit einem Tuch den Schweiß und fächelt sich Kühlung zu.

Spielleitung: „Nanu, Professor, geht's dir nicht gut?"

Prof. Kleinstein: „Doch, doch, nur diese Hitze! Unser Tagesstern übertreibt es für meinen Geschmack heute etwas."

Spielleitung: „Tagesstern, habe ich richtig verstanden, Professor, was meinst du denn damit?"

Prof. Kleinstein: „Aber ja, natürlich, unser Tagesstern ist doch der Grund für diese Hitze."

Spielleitung: „Ich dachte, die kommt von der Sonne!"

Prof. Kleinstein: „Aber die Sonne ist doch unser Tagesstern!"

Spielleitung: „Also, Professor, jetzt einmal langsam. Verstehe ich das richtig, unsere Sonne ist ein Stern?"

Prof. Kleinstein: „Absolut richtig!"

Spielleitung: „Heißt das etwa, dass die Sterne, die wir nachts sehen können, alle Sonnen sind?"

Prof. Kleinstein: „Schon wieder richtig! Bravo! *(lacht)* Das sind alles Sonnen, manche kleiner als unsere Sonne, viele aber auch wesentlich größer. Sie sind nur so unglaublich weit weg, dass sie uns nicht wärmen können und unsere Erde auch nicht beleuchten."

Spielleitung: „Du, Professor, wie macht unsere Sonne das denn eigentlich, dass es heiß wird und hell?"

Prof. Kleinstein: „Sehr gute Frage. Aber vielleicht wissen die Kinder ja schon etwas über unsere Sonne und können die Frage beantworten?"

Lösung: Die Sonne könnte man als Feuerplaneten bezeichnen, denn sie ist genauso kugelig wie unsere Erde, nur viel größer und unvorstellbar heiß, so super heiß, dass hier auf der viele Millionen Kilometer entfernten Erde immer noch genug Hitze ankommt, so dass wir im Sommer schwitzen. Der Brennstoff der Sonne ist ein Gas namens Wasserstoff.

Prof. Kleinstein: „Alle Sonnen funktionieren wie ein großes Kraftwerk, wo viel Wärme entsteht, ohne die wir hier ganz schön frieren würden. Außerdem macht die Sonne aber auch noch etwas anderes mit uns. Wer weiß, was ich meine?"

Lösung: Wenn wir länger in der Sonne sind, werden wir braun, allerdings nur, wenn wir uns eingecremt haben, sonst gibt es einen Sonnenbrand und dann werden wir rot!

Sonnenfeuer

Wir brauchen: Lupen, 1 Sonnenschirm, Papier, Feuerstelle, 1 Eimer Wasser oder Gartenschlauch zum Löschen, Sonnenschein

Prof. Kleinstein: „Heute ist der perfekte Tag um auszuprobieren, wie stark die Sonne ist. Kommt, wir nehmen die Lupen mit nach draußen. Ich nehme auch noch einen Sonnenschirm mit! Am besten knüllt ihr das Papier zusammen und legt es auf den Boden. Haltet die Lupe so in die Sonne, dass sie einen kleinen Sonnenpunkt auf dem Papier bildet. Wenn der Sonnenpunkt durch vorsichtiges Hin- und Herbewegen der Lupe nicht mehr kleiner wird, müsst ihr die Lupe in dieser Stellung festhalten. Mit etwas Geduld fängt es bald an zu qualmen und dann brennt das Papier wie von Geisterhand entzündet. So können wir mit Sonnenenergie Feuer machen."

Prof. Kleinstein: „Oh, das habt ihr wirklich gut gemacht, das Feuer mit der Lupe. Aber was machen wir bloß, wenn die Sonne nicht scheint und wir ein Feuer machen möchten?"

Lösung: Natürlich gibt es für solche Fälle Feuerzeuge und Streichhölzer.

Spielleitung: „Aber was haben die Menschen gemacht, als sie noch nichts dergleichen hatten?"

Prof. Kleinstein: „Das war sehr lange ziemlich schwierig. Aber dann muss jemand von ihnen zufällig einen Feuerstein gefunden haben. Derjenige hat vermutlich die Steine benutzt um etwas damit zu behauen, hat also vielleicht einen anderen Stein damit zerschlagen wollen und dabei festgestellt, dass diese Steine Funken sprühen, wenn man sie fest auf andere Steine schlägt. Erst wird er sich mächtig erschrocken haben, aber dann war ihm klar, dass er eine Möglichkeit gefunden hatte um jederzeit Feuer zu machen. Bis dahin waren die Menschen nicht in der Lage Feuer selbstständig zu entfachen. Wenn irgendwo der Blitz eingeschlagen ist, haben sie Feuer gehabt und versucht es dauernd in Gang zu halten, damit es nur nicht erlischt. Wenn das doch passierte, war das ein großer Verlust für die ganze Sippe, denn dann mussten alle frieren, und warmes Essen gab es auch nicht."

Tipp

Beim Sommerfest können die Kinder das Feuer für Würstchen oder Stockbrot selber entzünden und natürlich später auch wieder löschen. Wer Feuer machen lernt, sollte gleichzeitig auch lernen, wie es wieder gelöscht wird. Eine gute Aktion in Verbindung mit einem Besuch bei der Feuerwehr, die mehr zu bieten hat als Feuerwehrautos und die berühmten Feuerwehrstangen!

Fred Feuersteins erstes Funkenfeuer

Wir brauchen: Markasit-Steine in Kinderhandgröße, Zunder (morsches, trockenes Holz oder Baumpilze aus dem Wald trocknen und in dünne Scheibchen schneiden), Heu, Stroh, etwas Birkenrinde (die enthält Birkenteer und brennt auch nass), kleine und trockene Anmachhölzchen, Feuerholz

Prof. Kleinstein: „Wollen einmal sehen, ob wir es schaffen, Feuer zu machen wie Fred Feuerstein ohne moderne Feuerzeuge oder Streichhölzer."

Feuerstelle

- Wir ermitteln die Windrichtung: mit nassem Finger erfühlen, von wo der Wind bläst. (Die Fred-Feuerstein-Aktion gelingt am besten bei ruhiger Wetterlage!)
- Wir schichten trockenen Reisig und kleinere Ästchen zu einem „Tipifeuer", wobei die Aststücke immer größer werden je weiter außen sie liegen. An einer Stelle sollte eine Öffnung sein. Da kann später das Feuer entzündet werden. Bitte darauf achten, dass diese Stelle so angelegt ist, dass der Wind genau hineinpustet und so mithelfen kann.
- Wir bauen ein Nest aus Heu und Stroh.
- In die Mitte kommt der Zunder. (Prof. Kleinstein zeigt, wie das Nest gemacht wird, bis sein Feuer brennt)
- Über dem Nest schlagen wir die Feuersteine aneinander und machen ganz tolle Funken. Im Dunkeln könnte man sie sogar sehen, tagsüber aber leider nicht.

Prof. Kleinstein: „Jetzt müsst ihr sehr aufmerksam sein, denn wenn ihr auf dem Zunder eine kleine, schwarze Stelle seht, ist ein Funke gerade dabei sich dort einzubrennen. Dann pustet ihr vorsichtig auf den Funken bis es qualmt und plötzlich seht ihr die erste kleine Flamme. Bald brennt das Nest

und jetzt wird es spannend. Mit der Birkenrinde wird das Feuer übernommen und unser vorbereitetes Feuerholz entzündet. Fertig!"
Spielleitung: „Warum können wir denn nicht direkt das brennende Nest unter unser Feuerholz schieben, Professor?"
Prof. Kleinstein: „Weil das Heu ganz viele Gase bildet beim Verbrennen, die das Feuer ersticken würden. Feuer braucht immer Sauerstoff zum Brennen, genau wie wir Menschen zum Atmen."

Tipp

Alle Feueraktionen immer mit eingehender Bestimmung der Windrichtung, Aufbau des Feuerholzes in verschiedenen Lagerfeuertechniken und gemeinsamer, angeleiteter Löschaktion verbinden. Auch sollte jedes Feuer einen Sinn haben und Holz nicht nur aus Spaß verbrannt werden. Ob nun Stock- oder Fladenbrot gebacken wird, ein Feldbrand für Tongefäße gemacht werden soll, ein Tee aus frisch geernteter Minze gekocht wird oder vielleicht Marmelade aus eigenen Früchten, jeder Anlass ist recht.
Es sollte darauf geachtet werden, dass auch die Mädchen die Möglichkeit bekommen, Feuer zu machen. Am besten einen Satz Feuersteine und Zubehör extra für die Mädchen reservieren.

Bilder mit der Kraft der Sonne

Wir brauchen: Holzreste, Lupen, Sonne

Spielleitung: „Sollen wir denn jetzt auch wieder versuchen das Holz mit Hilfe der Sonne anzuzünden?"
Prof. Kleinstein: „Nicht ganz. Wer seinen Namen schon schreiben kann, versucht einmal seinen Namen ins Holz zu brennen. Aber ihr könntet auch mit der Kraft der Sonne auf dem Holz malen. Nehmt euch hier ein Holzbrett, haltet die Lupe wieder so darüber, dass ihr einen ganz kleinen Sonnenpunkt auf dem Holz sehen könnt, und bewegt langsam und mit Geduld den Sonnenpunkt wie einen Stift über das Brett. Woran könnt ihr wohl bemerken, ob es funktioniert?"
Lösung: Es riecht verbrannt und die Spur des Sonnenpunktes wird schwarz.

Wie Butter in der Sonne

Wir brauchen: Holzreste, Eiswürfel, 1 Schüssel, pro Kind: 1 Lupe, 1 Glas – und natürlich genügend Sonne

Professor Kleinstein schleppt eine Schüssel an, die offenbar sehr schwer ist.
Prof. Kleinstein: „Hier habe ich noch was Tolles, Kinder. Ihr könnt alle mitmachen. Jeder bekommt eine Lupe und ein Glas mit einem Eiswürfel darin. Haltet die Lupe so auf den Eiswürfel, dass sie wieder einen kleinen hellen Sonnenpunkt erzeugt, wie beim Feuermachen. Schaut genau hin, was passiert. Mal sehen, wer zuerst seinen Eiswürfel komplett in Wasser verwandelt hat.

Ein Toast im Sonnenofen

Wir brauchen: 1 Salatschüssel, Alufolie, 1 Grillgabel, Toastbrot und einige Steine

Prof. Kleinstein: „Natürlich können wir auch die Kraft der Sonne direkt benutzen, z. B. um ein Toastbrot zu rösten! Die Salatschüssel müsst ihr so mit der Alufolie auskleiden, dass eine zweite Schüssel entsteht, die aber nicht ganz so tief ist. Dann platziert ihr die Schüssel mit Hilfe der Steine leicht schräg in Richtung Sonne, spießt einen Toast auf die Grillgabel und haltet sie in die Mitte der Schüssel, pardon unseres Sonnenofens. Mit einer ruhigen Hand und etwas Geduld ist der Toast in wenigen Minuten fertig."

So(nnen)fi(nsternis)brille

Wir brauchen: Papier, Alufolie, Sonnenfinsternisbrillen (Bezugsadresse Sofibrille ➜ S. 104)

Prof. Kleinstein sitzt mit einer komischen Brille in der Sonne. Das Gestell ist aus Papier und die Gläser anscheinend aus Alufolie. Die Kinder können die Augen des Professors nicht sehen und es sieht so aus, als ob die Alugläser undurchsichtig wären.

Spielleitung: „Aber Professor, du siehst ja lustig aus. Was hast du denn für eine komische Brille auf der Nase, kannst du dadurch überhaupt etwas erkennen?"

Prof. Kleinstein: „Oh, hallo, ja die Brille, sieht bestimmt sehr komisch aus, ist aber momentan die einzige Möglichkeit."

Spielleitung: „Wie, was meinst du damit?"

Prof. Kleinstein: „Na ja, ich schau mir die Sonne an. Die Brille ist extra dafür gemacht, dass wir unseren Tagesstern in aller Ruhe betrachten können. Selbst mit einer ganz dunklen Sonnenbrille würde das nicht funktionieren, ja es wäre sogar gefährlich, wir könnten uns ganz übel die Augen verletzen, denn die Sonne ist so heiß und so hell, dass sie unseren ungeschützten Augen schadet. Aber ich habe noch mehr von solchen Sofibrillen, die eigentlich Sonnenfinsternisbrillen heißen. Wer will auch einmal einen Blick auf unseren Tagesstern riskieren?"

Tipp

Bitte kein Kind überreden! Freiwilligkeit steht ganz oben auf der Regelliste. Wenn die Spielleitung entsprechend begeistert ist, werden sich immer mehr Kinder für die Brille interessieren. Später sollte die Sonnenfinsternisbrille Teil der Schlaumeierkiste (➜ S. 104) werden und täglich zur Verfügung stehen, damit die Kinder selbstständig die Sonne beobachten können.

Prof. Kleinstein: „Mich interessiert natürlich, was ihr beim Blick durch die Brille alles bemerkt habt, Kinder."

Lösung: Die Sonne sieht wie eine Scheibe und ganz weiß aus. Der Vollmond sieht eigentlich recht ähnlich aus.

Fernsehrohr

Wir brauchen: 1 Fernrohr (gibt es manchmal bei bekannten Discountern, da muss nur das Stativ verstärkt werden, damit es nicht wackelt, oder man leiht eines aus oder kauft ein Fernrohr aus Pappe mit echten Linsen bei Astromedia, Adresse ➜ S. 104), weiße Pappe als Projektionsfläche, 1 Sonnenfilter für das Fernrohr

Prof. Kleinstein: „Schön ist unser Tagesstern, nicht wahr? Aber vielleicht ein bisschen klein. Da kommt es gerade recht, dass ich mein großes Fernrohr mitgebracht habe. Wenn wir die Sonne durch das Fernrohr anschauen, können wir sie viel besser erkennen, weil sie vergrößert wird. Auch das Fernrohr bekommt jetzt eine Brille als Schutz gegen zu viel Sonne. Denn durch die Linsen wird die

Wärme gebündelt und was dann passieren kann, habt ihr ja schon beim Feuermachen mit der Lupe erlebt. Deshalb dürft ihr auch niemals ungeschützt mit einem Fernrohr in die Sonne schauen! Wenige Sekunden genügen, um die Augen so zu verbrennen, dass Gefahr besteht zu erblinden. Das müsst ihr euch gut merken, versteht ihr?
Damit wir alle gleichzeitig etwas sehen können, werfen wir das Bild der Sonne hier auf diesen weißen Karton. Später dürfen natürlich alle auch einmal direkt ins Fernrohr schauen."
Spielleitung: „He, Professor, siehst du auch diese Flecken, oder ist das nur Schmutz auf der weißen Pappe?"
Prof. Kleinstein: „Seht ihr die merkwürdigen Flecken auch, Kinder? Hat die Sonne sich nicht gewaschen oder hat sie vielleicht Leberflecken oder Muttermale?"
Lösung: Natürlich hat die Sonne keine Leberflecken oder Muttermale. Die Flecken sind Sonnenflecken, Stellen auf der Oberfläche der Sonne, die etwa 1000 °C kühler sind als der Rest und deshalb nicht so rot-glühend aussehen. Der glühende Rest der Sonne hat eine Temperatur von 5500 °C. Wenn wir die Sonnenflecken regelmäßig betrachten, meinen wir, dass sie wandern. Das kommt daher, dass die Sonne sich um ihre eigene Achse dreht.

Der Sonnenboiler – heißes Wasser aus der Flasche

Wir brauchen: 2 Kunststoffflaschen (von Limonade oder Sprudel), 2 Reststücke Silofolie (Bezugsadresse ➜ S. 104), Wasser, 1 Thermometer

Prof. Kleinstein: „Gerade im Sommer ist es ja häufig sehr heiß und da können wir ganz einfach ohne zusätzliche Energie heißes Wasser bereiten. Könnt ihr euch vorstellen, wie das gehen kann?" *Die Kinder überlegen und besprechen die Frage. Die Spielleitung notiert die besten Ideen.*
Lösung: Mit der Hitze der Sonne.

Prof. Kleinstein: „Wir füllen beide Flaschen mit Wasser und wickeln sie in die Folie ein: eine Flasche mit der weißen Folienseite nach außen, die zweite mit der schwarzen. Dann füllen wir kühles Wasser ein und verschließen die beiden Flaschen. Nun stellen wir sie an einen schönen Sonnenplatz, wo sie viel Sonne und keinen Schatten haben. In welcher Flasche wird wohl das Wasser zuerst aufgeheizt sein?"
Die Kinder wetten auf eine Flasche. Nach einer Stunde mit dem Thermometer nachmessen.
Lösung: Die Flasche mit der schwarzen Außenseite gewinnt. Die Farbe Schwarz saugt Wärme auf wie ein Schwamm (die Wissenschaftler sagen, sie absorbiert Wärme) und deshalb heizt sich das Wasser schneller auf. Die weiße Ummantelung reflektiert die Wärme, also wie ein Spiegel Licht und Wärme einfach in eine andere Richtung lenkt (➜ S. 82, Prof. Kleinstein geht in die Luft).

Pflanzen ohne Wasser, ohne Erde, ohne Licht – geht das?

Wir brauchen: Kressesamen, 3 kleine Gefäße oder Blumentöpfe, etwas Blumenerde, 1 Rest Silofolie (Bezugsadresse ➜ S. 104), Verbandswatte, Wasser, 1 Schale Kresse

Prof. Kleinstein: „Was würden wir nur ohne die Sonne und ihre wärmenden Strahlen tun? Wir sind alle ganz verrückt nach Sonne und nicht nur wir Menschen, auch die Tiere fühlen sich wohler, wenn die Sonne scheint. Na und die Pflanzen, was meint ihr, brauchen die auch Sonne, oder kommen die ohne sie aus?" *Prof. Kleinstein hält die Schale mit Kresse hoch.* „Wer möchte einmal von dieser Kresse probieren, die schmeckt toll und ist sehr gesund."
Spielleitung: „Gerne Professor, hast du für alle was?"
Prof. Kleinstein: „Ja, natürlich und ich habe sogar auch noch Kressesamen. Daraus wird, wenn wir es richtig anfangen, neue Kresse. Aber mir will einfach nicht einfallen, wie das ging. Ich weiß nur noch, dass die Kressesamen entweder nicht in Erde gepflanzt werden sollen oder kein Wasser haben dürfen oder aber kein Sonnenlicht. Zu dumm!"
Spielleitung: „Och, das ist doch kein Problem. Wir verteilen die Kressesamen in drei gleichen Portionen in den Gefäßen. In ein Gefäß darf dann keine Erde, in ein zweites kein Wasser und das dritte bedecken wir mit schwarzer Folie, damit es kein Licht bekommt!"
Prof. Kleinstein: „Tolle Idee, so können wir herausfinden, welche Methode richtig ist. Also los Kinder, ihr könnt alle mithelfen. Wir bilden drei Gruppen und jede Gruppe ist für einen Topf zuständig. Das wäre doch gelacht, wenn wir nicht rauskriegen, wie das funktioniert."

- Zwei Töpfe mit Blumenerde füllen und die Watte in den dritten Topf geben.
- Die Samen in drei möglichst gleiche Portionen teilen und sie vor die Töpfe legen.
- Die Samen vorsichtig in die Erde der ersten zwei Töpfe geben und leicht andrücken. Auf die Watte die Samen nur aufstreuen.
- Den Topf mit Watte und einen der beiden Erdtöpfe leicht angießen.
- Den angegossenen Erdtopf mit Silofolie einwickeln, damit kein Licht an die Samen kommt.

Lösung: In dem Topf mit der Watte keimen und wachsen die Samen bereits nach drei bis fünf Tagen. In dem Topf mit Erde aber ohne Wasser vertrocknen die Samen. Und in dem Topf unter der Silofolie tut sich gar nix. Ohne Licht kein Leben!

Prof. Kleinstein: „Ja, Kinder, das ist einfach wahr. Ohne unsere Sonne könnte auf diesem Planeten keine Pflanze existieren, und damit auch viele Tiere nicht, nämlich die, die Pflanzen essen. Wenn die aber aussterben, dann sieht es um die Fleischfresser auch schlecht aus. Na, und wir Menschen, wir sind ja sozusagen Allesfresser, würden dann auch nicht mehr lange durchhalten. Damit sind wir eigentlich bei der Geschichte der Dinos, denen es so ergangen ist."
Spielleitung *(wenn die Kinder nicht selbst danach fragen):* „Oh ja, Professor, erzähl uns doch die Geschichte von den Dinos, was ist denn mit denen passiert?"

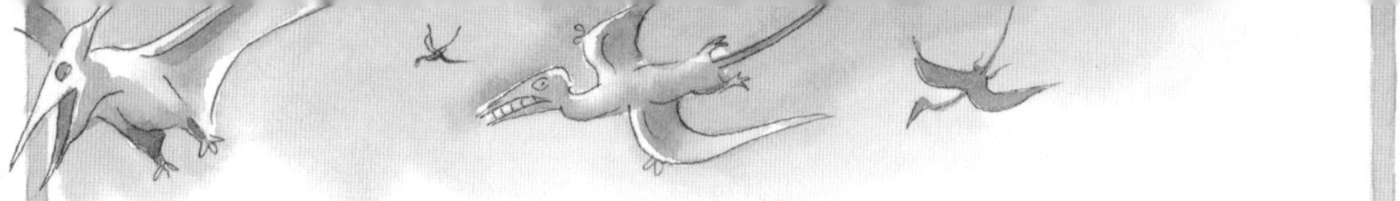

Wie den Dinos beinahe der Himmel auf den Kopf fiel

An diesem Morgen begann alles mit einem riesigen Knall. Die Explosion war so groß, dass Mutter Flugsaurier zu Tode erschrocken dem Baby die Flughäute um den Kopf schlang, weil sie befürchtete, der Kleine könne auf der Stelle taub werden. Aber es sollte noch viel schlimmer kommen. Nur wenige Sekunden später erbebte die Erde derart heftig, dass sie alle aus dem Nest geschleudert wurden. Und nur der Geschicklichkeit und den hervorragenden Flugkünsten von Vater Flugsaurier war es zu verdanken, dass Mutter und Kind gerettet werden konnten. Just im richtigen Augenblick kam er von der Jagd zurück und konnte seine Familie gerade noch im freien Fall etwa zehn Meter unterhalb des Nestes auffangen, was ein extremes Kunststück war, weil er einen etwa 20 Kilogramm schweren Fisch im Schnabel transportierte. Mutter und Kind waren zum Glück mit dem Schrecken davongekommen, aber es dauerte einige Zeit, bis Mutter Flugsaurier sich wieder verständlich machen konnte: „Was bei allen speienden Vulkanen war das?" Vater Flugsaurier, der noch immer den riesigen Fisch im Schnabel hatte, stammelte mit Mühe: „Daf muf waf Flimmes gewefen fein!"

Nachdem der allererste Schreck vorüber war, frühstückten sie erst einmal den Fisch. Als alle satt waren, überlegten sie, was zu tun sei. Vater und Mutter Flugsaurier beschlossen, dass sie der Sache auf den Grund gehen wollten. Wenn es gefährlich war, mussten sie eventuell umziehen, so viel stand fest. Sie glaubten eigentlich an einen Vulkanausbruch. Vulkanausbrüche waren damals an der Tagesordnung. Aber ein so gewaltiger, das war neu. Außerdem hatte sich alles vor kurzem ziemlich verdunkelt, so als sei plötzlich Nacht geworden. Aber das konnte nicht sein, denn vor nicht einmal zwei Stunden war die Sonne aufgegangen. Höchst seltsam! Sie packten das Baby in große Farnblätter und verknoteten alles mit einer stabilen Liane, die Vater Flugsaurier zu einer Schlaufe band und in den Schnabel nahm. So ließ sich prima reisen und ab ging die Post.

Mittlerweile sah es aus, als sei es tiefe Nacht und Familie Flugsaurier musste vorerst im Blindflug dahinsegeln. Es war deutlich, dass etwas außerordentlich Ungewöhnliches und vor allem Gefährliches geschehen sein musste, denn alle Landsaurier waren in heller Panik. In der Dunkelheit war zunächst nicht viel zu erkennen, aber als sich ihre Augen daran gewöhnt hatten, sahen sie Horden mit wildem Geschrei durch den Dschungel brechen. Schutzlos waren viele in ihrer Panik den Attacken der gehassten Tyrhannosaurier ausgesetzt, die die Panik geschickt nutzten und sich ein ganzes Lager von Jagdvorräten anlegten. Dann sahen sie es aus der Ferne: ein heller Lichtschein, enorme Rauchwolken, es war dunkel, heiß und stickig. Ein gigantisches Feuer fraß sich in unglaublicher Geschwindigkeit durch die Steppe und raste auf den Wald zu. Ein Flügelschlag genügte ihnen, um sich miteinander zu verständigen, jetzt ging es um Minuten. Unsere Flugsaurier drehten ab und flogen mit Höchstgeschwindigkeit in die entgegen gesetzte Richtung davon. Die Frage war nur: Wohin konnten sie flüchten? Würden sie schnell genug fliegen können? Wo konnten sie eine Schlafstelle finden, von einem Abendessen gar nicht zu reden. Sie flogen, was die Flughäute hergaben, und hät-

ten bestimmt noch lange nicht angehalten, wenn Mutter Flugsaurier nicht plötzlich einen derart heftigen Hustenanfall bekommen hätte, dass an Weiterfliegen nicht zu denken war. Vater Flugsaurier landete auf der nächstbesten Baumkrone, stellte das Baby wie eine übergroße Handtasche in einer Astgabel ab und klopfte seiner Frau den Rücken. Es dauerte lange, bis sie sich beruhigt hatte.

„Alle Unwetter, dieser Qualm bringt mich noch um. Was ist bloß mit unserer guten Luft passiert?" Sie einigten sich darauf, dass Mutter Saurier sich ausruhen sollte, während ihr Mann versuchen wollte bei Verwandten in Erfahrung zu bringen, was passiert war. Außerdem wollte er für ein Abendessen sorgen, denn seit dem Morgen hatten sie nichts mehr gehabt und das bei dieser irren Raserei, das macht hungrig. Beruhigend schaukelte Mutter Flugsaurier ihr Baby, aber der kleine Schlingel wollte überhaupt nicht schlafen. Es gefiel im gar nicht schlecht, was ihm heute so alles geboten worden war und davon wollte er natürlich keine Sekunde verpassen. Stunden später kehrte Vater Flugsaurier zurück, aber außer ein paar kleinen Beutelratten, die bei der allgemeinen Panik vor Schreck gestorben waren, hatte er nichts erjagen können. „Der Wald war wie leer gefegt und mir wird immer klarer, dass alle um ihr Leben rennen", sagte er zu seiner Frau. Die Ratten waren schnell verspeist. „Lasst uns hier übernachten", sagte Vater Flugsaurier, „vielleicht sieht morgen schon alles anders aus." Das brauchte er nicht zweimal zu sagen. Kurz darauf schnarchten alle leise vor sich hin. Der Morgen kam, aber mit ihm keine Sonne und der nächste und übernächste Tag konnte auch nichts ändern. Die Sonne blieb und blieb verschwunden. Langsam ahnten sie, dass sie die Sonne so bald nicht wiedersehen würden.

Es muss wohl zwei Wochen später gewesen sein – sie lagerten immer noch in der Baumkrone, weil sie hier in der Nähe einen Fischtümpel gefunden hatten – da wurden sie morgens unter einer dicken Schneedecke wach. Es war über Nacht bitterkalt geworden und das Baby, das zwischen den Eltern kuschelte, war als einziges warm und vergnügt. „Ja zum Flugsaurier noch mal, das darf doch nicht wahr sein", schimpfte Vater Flugsaurier los, „wieso Schnee im Hochsommer? Was ist bloß mit der Sonne los, hat die einer geklaut?" Da kam ihm eine Idee. Wenn er ganz gerade nach oben fliegen würde, müsste er doch irgendwann aus diesem Qualm herauskommen und könnte überprüfen, ob die Sonne noch da war. Also schlug er mit den Flughäuten, um sich aufzuwärmen. Dann startete er zu einem tollkühnen Steilflug und schwor sich, nicht eher umzudrehen, bis er die Sonne gefunden hatte. Genau genommen, dachte er, war ja schon seit seiner Kindheit der Wurm drin in allem, was so vorging auf der Erde. Nichts war so, wie es seine Eltern ihm erzählt hatten. Immer häufiger mussten sie vor ausbrechenden Vulkanen fliehen, der Meeresspiegel sank immer weiter und viele der schmackhaftesten Fische waren bereits ausgestorben. Und jetzt auch noch die Sache mit der geklauten Sonne. Das hatte gerade noch gefehlt! In diesem Augenblick schoss er aus der schwarzen, rußigen Qualmwolke hervor und musste sogleich die Augen schließen, denn das grelle Sonnenlicht blendete ihn mit aller Kraft. Es dauerte eine halbe Ewigkeit, bis sich seine Augen an das helle Licht gewöhnt hatten. Aber eines war ihm auch jetzt schon klar: Die Sonne hatte niemand geklaut, die war noch da, so schön wie eh und je, aber sie schien nicht da, wo sie gebraucht wurde. Sein Schlafnest, die Wälder und Teiche und das Meer waren durch eine dicke Rauch- und Rußschicht von der Sonne abgeschirmt. Ihre wärmenden Strahlen schafften es nicht mehr bis zur Erde vorzudringen, denn der dichte Qualm hielt sie auf. Und plötzlich begann er sich furchtbare Sorgen zu machen.

Was sollte ohne die Sonne nur aus ihnen werden????

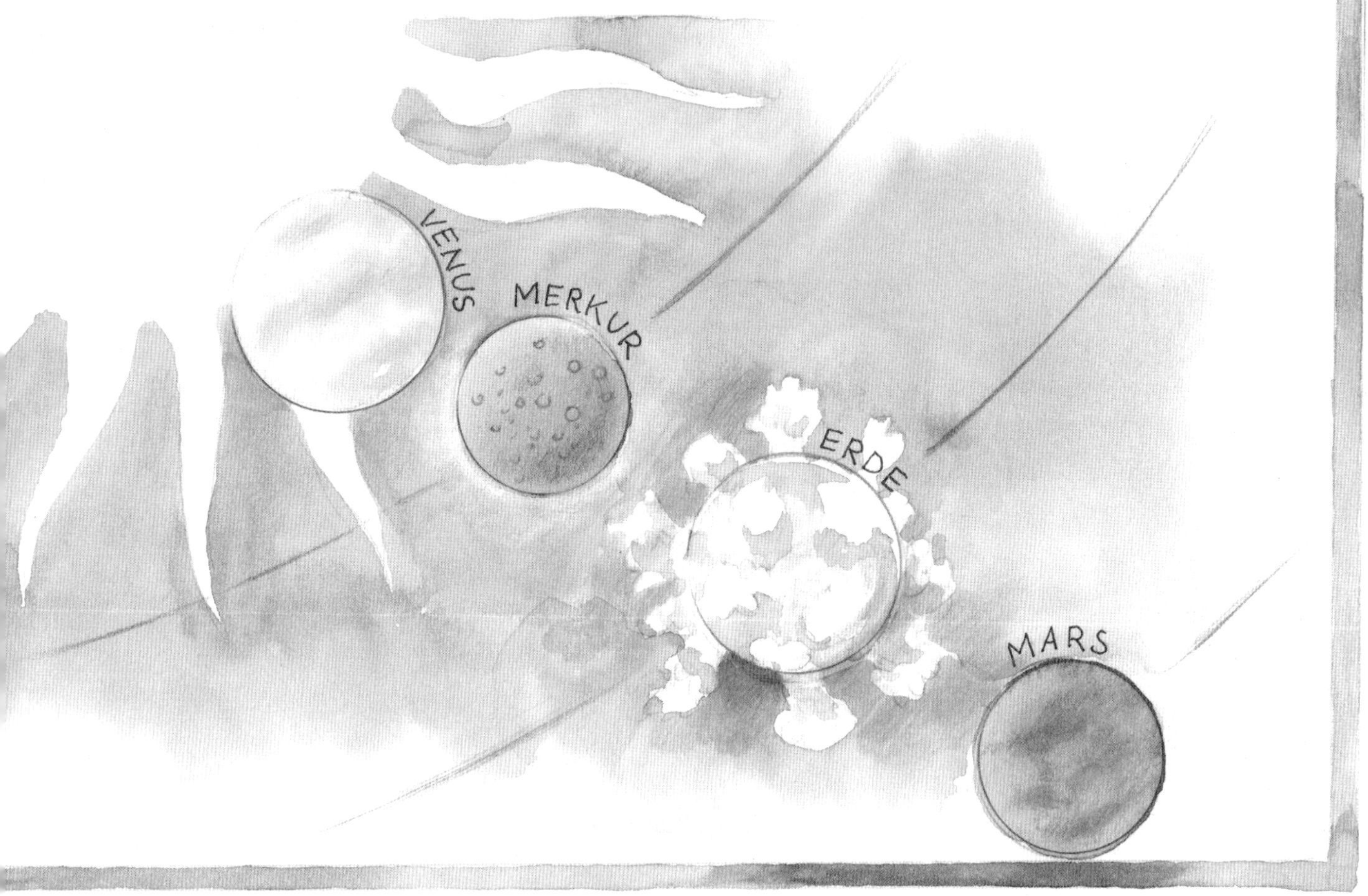

Spielleitung: „Aber was war denn nun passiert? Was hat Vater Flugsaurier so Wichtiges entdeckt?“ Prof. Kleinstein: „Tja, er hatte durch seinen mutigen Flug entdeckt, warum die Sonne auf der Erde nicht mehr schien, und das hatte ziemlich schlimme Folgen. Wir haben ja schon im Experiment gesehen, dass Pflanzen ohne Sonne nicht leben können. Die dicke Rauchschicht, die die Sonnenstrahlen von der Erde fern hielt, wurde durch ein gewaltiges Feuer ausgelöst. Weil die Pflanzen zum Teil verbrannt und der Rest ohne Licht verkümmert ist, hatten zunächst die Pflanzenfresser unter den Sauriern keine Nahrung mehr. Und als es sie nicht mehr gab, fehlte den Fleischfressern das Essen und bald waren alle Giganten von der Erde verschwunden. Die Natur legte eine kleine Verschnaufpause ein und brachte neue Arten hervor, unter anderem auch den Menschen. Ursache für diese Katastrophe war ein riesiger Meteorit, der auf die Erde zugerast war. Normalerweise sieht das sehr schön aus, wenn die Dinger klein sind. Sie verglühen in der Atmosphäre und wir sehen sie als Sternschnuppen und wünschen uns etwas, was wir nicht verraten dürfen, sonst geht es nicht in Erfüllung. Aber in diesem Fall war es ein Brocken von enormer Größe, so riesig, dass er zwar beim Eintritt in die Atmosphäre zu glühen begann, aber eben nicht verglühte und als große Feuerkugel auf der Erde einschlug. Tatsächlich war es ein Himmelskörper, der einfach der Erde zu nahe gekommen war und so in ihr Anziehungsfeld geraten ist. Was so ein glühendes Monstrum, ein Brocken größer als 100 Hochhäuser, anrichten kann, ist ja klar. Sofort begann ein gigantisches Feuer zu lodern, das sich um den halben Planeten ausbreitete, denn eine Feuerwehr gab es ja nicht bei den Dinos. So entstand dieser entsetzliche Qualm und Ruß. Nun ist euch sicher auch klar, warum die Sonne sich nicht mehr sehen ließ. Sie konnte beim besten Willen nicht auf die Erde durchdringen.“

Professor Kleinstein sieht Sterne

Nachdem wir schon so einiges über den Tagesstern herausgefunden haben, wollen wir uns jetzt um den restlichen Himmel und seine Gestirne kümmern. Der Himmel muss wunderschön ausgesehen haben, als es weder Straßenlaternen noch andere elektrische Beleuchtung gegeben hat. Nach Sonnenuntergang war es wirklich dunkel und in klaren Nächten konnte jeder die Sterne funkeln sehen. Natürlich ist das Licht auf Knopfdruck praktisch und wir wollen es ganz bestimmt auch nicht mehr hergeben, aber beim Sternegucken stört es doch gewaltig. Vor allem die feinen Objekte am Himmel, wie Sternenhaufen oder Nebel, sind dadurch nicht sichtbar. Im Urlaub hingegen sagen die Leute oft, wie schön die Sterne sind und in Italien oder Spanien, oder wo sonst die Menschen im Urlaub hinfahren, seien viel mehr Sterne als bei uns. Das stimmt natürlich nicht, aber dort ist es häufig dunkler, da es nicht so viele Lampen gibt und deshalb erscheint es uns, als seien mehr Sterne da. Und wirklich sehen wir auch mehr Sterne.

Die meisten Sterne sind Sonnen, wie unsere Sonne auch, nur unvorstellbar weit weg, so dass wir sie bloß als winzige Lichtpunkte sehen können. Wir nennen sie auch Fixsterne, weil sie viele Menschenleben lang, im Verhältnis zu den anderen Sternen, am selben Platz zu sehen sind, wie festgenagelt am Himmelszelt. Das ist natürlich nicht wirklich so, auch sie verändern ihre Position, aber so langsam, dass es lange nicht auffällt. Auf jeden Fall ziehen die Sterne scheinbar in der Nacht über unseren Himmel, aber eben nur scheinbar, denn das liegt daran, dass sich unsere Erde dreht. Manche von ihnen sind schon erloschen und leuchten gar nicht mehr. Trotzdem sehen wir ihr Licht noch oben am Himmel. Diese Sterne sind so irre weit weg, dass ihr Licht sehr lange braucht, um bei uns anzukommen. Dadurch kann es passieren, dass wir Licht von einem Stern sehen, den es schon länger nicht mehr gibt. Das Licht kommt also immer aus der Vergangenheit. Das ist so, als würden wir in einer besonders dunklen Nacht mit einer neuen Taschenlampe am Fenster stehen und in den Himmel leuchten. Und ganz weit draußen in unserer Galaxis würde auch jemand nicht schlafen und in die Sterne gucken, nur eben viele Jahre später, und der würde unsere Taschenlampe sehen und denken: „Oh, ein neuer Stern." Wir aber sind inzwischen viele Jahre älter und die alte Taschenlampe ist längst kaputt. Ist das nicht verrückt? Na gut, so eine kleine Taschenlampe, wer könnte die schon sehen. Aber mit den Sternen funktioniert es wirklich so.

Außer den Fixsternen gibt es noch die Wandelsterne, die auch Planeten heißen und sozusagen die Geschwister unserer Erde sind. Das Lustige dabei ist, dass alle Geschwister gleichzeitig geboren wurden und nicht hintereinander, wie das sonst bei Geschwistern der Fall ist. Sie unterscheiden sich von den Sternen, weil sie nicht selbst leuchten, sondern nur durch das Licht ihrer Sonnen angeleuchtet werden. Das haben sie mit den Monden gemeinsam, die auch nicht selber leuchten können, sondern wie ein Spiegel nur das Sonnenlicht reflektieren. Die Planeten werden nie auf Sternenkarten eingezeichnet, das würde sich nicht lohnen, weil sie immer unterwegs sind. Das besagt auch schon ihr Name, den sie von den Griechen bekommen haben: *planetes* heißt nämlich „die Umherirrenden". Aber immerhin wissen wir heute, dass sie sich auf Bahnen um die Sonne bewegen. Und als diese einmal entdeckt waren, war es viel einfacher einen Planeten zu finden.

Der erste Wissenschaftler, der die Planeten gesehen hat und zwar durch das erste richtige Fern-

rohr, war ein Italiener mit Namen Galileo Galilei. Er lebte von 1564 bis 1642 und hatte es ziemlich schwer mit seiner Entdeckung, denn die Leute glaubten, dass die Erde eine Scheibe und Mittelpunkt des Universums sei. Heute wissen schon viele Kinder, dass die Erde eine Kugel ist und sich um die Sonne dreht. Vor allem die mächtigen Kirchenfürsten bedrohten ihn und verlangten, dass er nicht mehr öffentlich über seine Entdeckung redete. Aber Galileo war ein furchtloser Dickkopf und völlig überzeugt von seiner Entdeckung. Da er auch noch sehr schlau war, fand er immer Möglichkeiten über seine Arbeit zu sprechen, ohne gegen das Verbot zu verstoßen. Trotzdem wurde er von der Kirche gezwungen zuzugeben, dass seine Entdeckungen ein Irrtum sind. Mit ihm zur gleichen Zeit oder nach ihm arbeiteten noch viele kluge Wissenschaftler wie etwa Johannes Kepler (1571–1630) und Isaak Newton (1643–1727) an der Erklärung des neuen Weltbildes und versuchten die vielen offenen Fragen zu beantworten. In der Wissenschaft ist es oft so, dass ein Forscher auf die Ergebnisse eines Vorgängers aufbaut, weil ein Forscherleben allein zu kurz ist, um alle Fragen zu klären, die sich zu einem Thema stellen. Wir haben heute eigentlich nur noch ein Problem mit den Planeten, nämlich wie wir uns ihre Namen und Reihenfolge von der Sonne aus betrachtet merken können, aber dafür gibt es eine ganz tolle Eselsbrücke, nämlich den Satz: **M**ein **V**ater **E**rklärt **M**ir **J**eden **S**onntag **U**nsere **N**eun **P**laneten. Die Anfangsbuchstaben stehen für die Planeten: **M**erkur, **V**enus, **E**rde, **M**ars, **J**upiter, **S**aturn, **U**ranus, **N**eptun und **P**luto.

Die vier ersten werden auch die Inneren oder erdähnlichen Planeten genannt. Die vier folgenden heißen Riesenplaneten. Nur Pluto passt zu keiner der beiden Gruppen, von seiner Größe her gehört er zu den erdähnlichen Planeten, von seiner Dichte zu den Riesenplaneten. Außer Merkur und Venus haben alle Planeten mindestens einen Mond wie wir, manche haben aber auch ganz viele Monde, z. B. Jupiter, der hat 47.

Das müsste ja toll aussehen, wenn wir auf dem Jupiter wohnen könnten. Abends im Bett zu liegen, aus dem Fenster zu schauen und vor dem Einschlafen noch rasch einen Blick auf die 47 Monde zu werfen, super! Aber unser Erdmond ist auch ganz toll und vor allem sehr nah und deshalb gut zu sehen – natürlich nur, wenn der Himmel ohne Wolken ist. Deshalb sind die Astronomen, so nennen wir die Forscher, die sich für den Sternenhimmel interessieren, auch sehr abhängig vom Wetter.

Mondtheater

Wir brauchen: 1 Fernrohr, 1 Globus, 1 Kugel mit einem Durchmesser, der ¼ des Globusdurchmessers beträgt (oder 1 Mondglobus im richtigen Maßstab), 1 Schnur, 1 Taschenlampe – und den Mond

Vorbereitung: Die Schnur an der Kugel bzw. dem Mondglobus befestigen

Prof. Kleinstein steht am Fenster und schaut in sein Fernrohr, als die Kinder hereinkommen.

Spielleitung: „Hallo Professor, was schaust du dir denn da an, gibt es was besonderes auf dem Tagesstern zu sehen?"

Prof. Kleinstein: „Ja, hallo zusammen, nein, eh, nein, nein, ich habe mir unseren Mond angesehen!"

Spielleitung: „Was, den Mond, aber es ist doch nicht Nacht."

Prof. Kleinstein: „Natürlich nicht, aber manchmal sieht man ihn auch am Tage. Er sieht dann zwar recht blass aus, aber sehen können wir ihn. Kommt alle einmal hierher, schön langsam der Reihe nach, Kinder, dann könnt ihr unseren Mond durch das Fernrohr sehen. Schaut mit einem Auge in das Fernrohr, das andere könnt ihr ruhig offen lassen, konzentriert euch aber auf das Auge, das ins Fernrohr sieht. Wem das zu schwer ist, der kann auch das andere Auge zumachen oder mit der Hand zuhalten."

Spielleitung: „Ich habe mich oft gefragt, wie das sein kann, Professor. Ist das denn nur an bestimmten Tagen so, oder ist der Mond jeden Tag da, aber vielleicht von Wolken verdeckt und wir sehen ihn nicht?"

Prof. Kleinstein: „Wir wissen, dass sich der Mond um die Erde …, aber das sollten wir uns einmal hier am Globus ganz genau ansehen! Schaut einmal, Kinder, das ist unsere Erde *(zeigt auf den Globus)*. Wenn wir sie auf diese Größe zusammenschrumpfen könnten, dann müsste der Mond so aussehen, wie dieser hier *(zeigt auf die Kugel an der Schnur)*, damit wieder alles im richtigen Verhältnis ist. So, jetzt brauche ich ein Kind, das mit der Taschenlampe die Sonne spielt. Wir leuchten jetzt den Mond und die Erde an. Der Mond steht genau der Sonne gegenüber auf der Seite der Erde, die kein Licht bekommt. Wie heißt die Zeit, wenn die Sonne weg ist und es dunkel wird, Kinder?"

Lösung: Das ist die Nacht, eine Seite unserer Erde ist immer von der Sonne beschienen und die andere Seite nicht. Dort ist dann Nacht.

Prof. Kleinstein: „Jetzt schaut euch einmal den Mond an, Kinder. Der wird ja von der Sonne voll getroffen. Seht ihr den ganzen runden Mond? Und wer weiß, wie wir den dann nennen?"

Lösung: Vollmond. Er steht der Sonne genau gegenüber, wird schön ausgeleuchtet und wir sehen ihn als runde Scheibe am Nachthimmel. Sonne und Mond verhalten sich, als ob sie auf einer Wippe sitzen. Wenn die Sonne untergeht, geht der Mond gerade auf. Während der Nacht wandert er über den Himmel und geht wieder unter, wenn die Sonne aufgeht.

Prof. Kleinstein: „Bestimmt habt ihr euch aber auch schon einmal sehr gewundert, vielleicht sogar gedacht, dass der Mond kaputt ist. Da fehlte ihm ein Stück, wie sah er dann aus? Versucht einmal die Form des kaputten Mondes in die Luft zu malen!"

Lösung: Wie eine Sichel oder ein Croissant sah der Mond aus,

und zwar einmal so:

und ein anderes Mal so:

Prof. Kleinstein: „Mit der Taschenlampe können wir jetzt zeigen, wie das passieren kann und dass der gute, alte Mond keineswegs kaputt ist. Halte die Taschenlampe weiter gerade wie bisher und ich bewege den Mond etwas nach rechts und dann etwas nach links. Was seht ihr jetzt vom Mond?"

Lösung: Nur eine Sichel ist noch zu sehen und zwar einmal ein Teil der rechten Seite der Mondscheibe, und wenn er in die andere Richtung bewegt wird, der linke Teil der Mondscheibe. Dieses Phänomen nennen wir Mondphasen. Die Phase vor dem Vollmond, wenn wir jeden Abend immer mehr vom Mond sehen, heißt „zunehmender Mond" und aus dieser Sichel ließe sich ein *z* wie „zunehmend" schreiben. Die Phase nach dem Vollmond, wenn er wieder weniger wird, heißt „abnehmender Mond" und aus dieser Sichel könnten wir ein *a* schreiben wie „abnehmend".

Prof. Kleinstein: „Wenn der Mond ganz abgenommen hat, also die Sichel immer schlanker geworden ist, sehen wir ihn dann für zwei Tage gar nicht. Diese Phase nennen wir ‚Neumond' oder auch ‚Schwarzmond'. In unserem Modell wäre es dann so, dass der Mond direkt bei der Sonne steht und wir ihn in der Nacht nicht sehen können, denn er ist auf der Tagseite der Erde, wo wir gerade nicht sind."

Spielleitung: „Und wieso können wir ihn manchmal am Tage sehen?"

Prof. Kleinstein: „Weil der Mond in ungefähr einem Monat um die Erde wandert und die Erde sich in 24 Stunden einmal um sich selber dreht, kommt es zu den Mondphasen und auch zur Tagessichtbarkeit des Mondes. Vor allem vor und nach Neumond haben wir gute Chancen, ihn am Tage zu sehen."

Prof. Kleinstein: „Aber noch einmal zurück zum Vollmond. Da gibt es nämlich auch noch etwas ganz Besonderes. Manchmal stehen Mond, Erde und Sonne genau in einer Reihe. Dann versteckt sich unser Mond im Schatten der Erde. Das schauen wir uns in unserem Taschenlampenmodell an!"

Schattenspiel von Mond und Sonne

Wir brauchen: 1 Fernrohr, 1 Globus, 1 Kugel mit einem Durchmesser, der ¼ des Globusdurchmessers beträgt (oder 1 Mondglobus im richtigen Maßstab), 1 Schnur, 1 Taschenlampe

Prof. Kleinstein: „Also, die Sonne wird wieder von der Taschenlampe gespielt und scheint auf eine Seite des Globus, der in der Mitte steht. Dahinter befindet sich der Mond. Da die Sonne ihm ganz genau gegenüber steht, ist er voll. Soweit alles normal, das passiert jeden Monat einmal in dieser Weise. Manchmal allerdings passiert es, dass alle drei gerade so aneinander vorbeisausen, dass sie kurz in einer Reihe stehen. In diesem Fall wirft die größere Erde einen Schatten auf den Mond und verdunkelt ihn für einige Stunden. Habt ihr eine Idee, wie wir Astronomen das nennen, wenn der Mond sich im finsteren Schatten der Erde versteckt?"

Lösung: Dieses Ereignis wird als Mondfinsternis bezeichnet, aber der Mond ist dann nicht etwa weg, sondern vom Schatten der Erde verdunkelt und bei gutem Wetter können wir ihn wie eine fette, rot-orange Melone im dunklen Himmel hängen sehen. Mondfinsternisse kommen häufiger vor und sind im „Kosmos Himmelsjahr" (➜ S. 103) angegeben.

Der Mond im Rasierspiegel

Wir brauchen: 1 Rasierspiegel für je 2–3 Kinder, 1 Lupe für jedes Kind – und einen mondhellen Winterabend zwischen Mitte November und Anfang Februar (das genaue Datum und die Uhrzeit können dem „Kosmos Himmelsjahr", ➜ S. 103, entnommen werden)

Prof. Kleinstein: „Bitte stellt doch die Spiegel so auf das Fensterbrett, dass ihr den Mond darin sehen könnt, Kinder. Wenn ihr das geschafft habt, könnt ihr mit eurer Lupe den Mond in aller Ruhe ansehen."
Spielleitung: „Och nein, immer wenn ich einmal gerade nach den Kindern schaue, ist der Mond aus meinem Spiegel verschwunden!"
Prof. Kleinstein: „Bestimmt werdet ihr das auch bemerken, Kinder, dass der Mond nicht schön brav in eurem Spiegel bleibt, sondern nach einigen Minuten aus dem Spiegel verschwindet. Woran kann das liegen?"
Lösung: Das ist der Beweis, dass die Erde sich dreht und wir uns mit ihr! Denn weil sie das tut, scheinen die Gestirne am Himmel vorüber zu ziehen (➜ S. 59, Prof. Kleinstein sammelt Zeit)

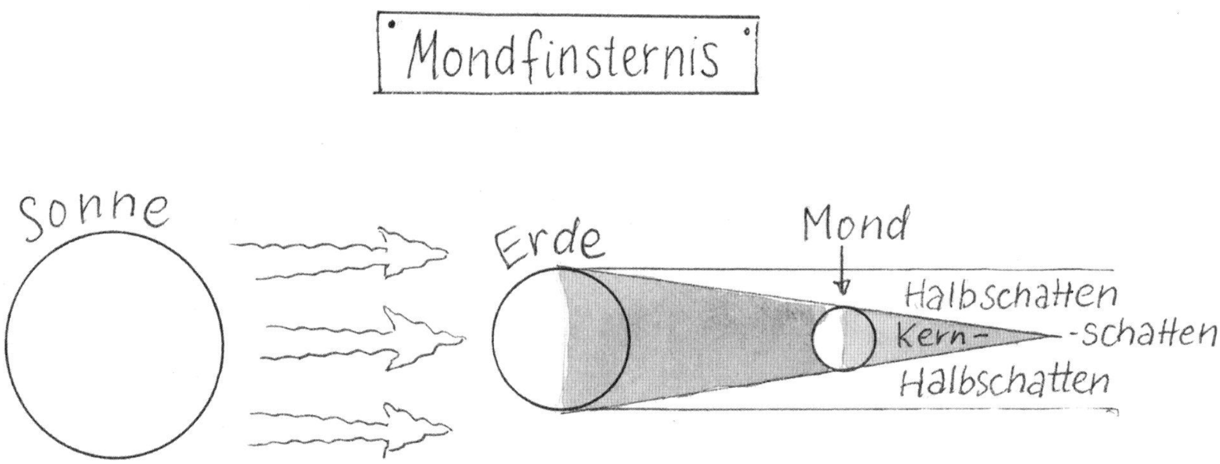

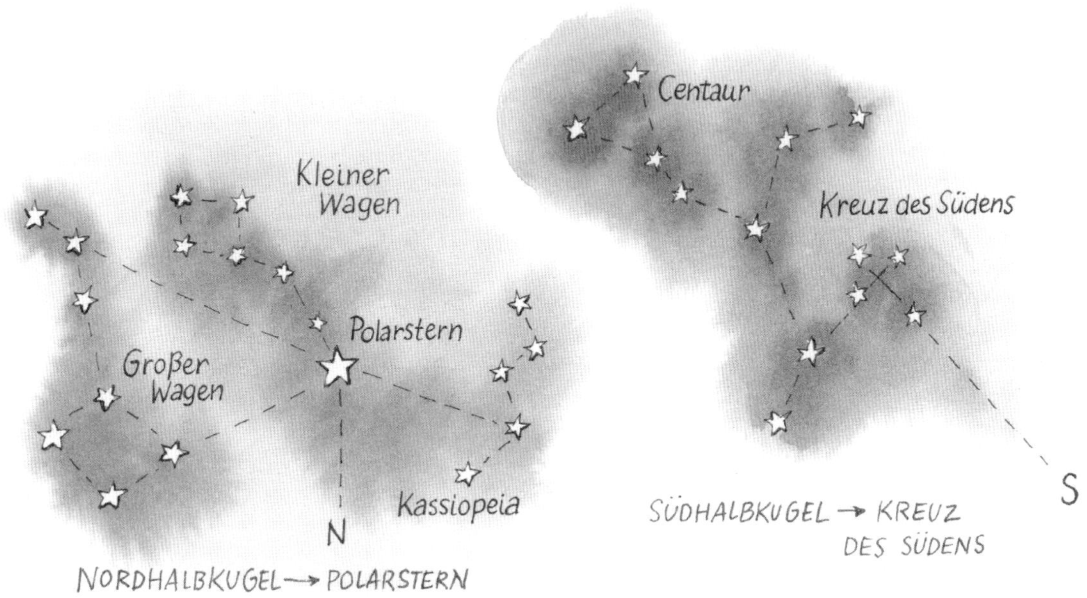

Wir holen den Sternenhimmel ins Zimmer

Wir brauchen: 1 Bausatz nördlicher Sternenhimmel (erhältlich bei Astromedia, ➜ S. 104), 1 kleine Lampe (max. 40 Watt), 1 Globus

Der Professor sitzt auf dem Fußboden im abgedunkelten Raum und hält den Sternenhimmel aus Pappe über die Lampe, so dass die Sternbilder an der Decke zu sehen sind.

Spielleitung: „Oh, das sieht aber schön aus, Professor, dürfen wir reinkommen?"

Prof. Kleinstein: „Aber sicher, kommt nur alle herein. Schaut, ich versuche gerade die Sterne des Himmels hier ins Zimmer zu holen. Dieser Lampenschirm ist nämlich ein ganz besonderer. Manche Leute nennen ihn Sternenhut, aber eigentlich ist er eine originalgetreue Nachbildung unseres nördlichen Sternenhimmels, mit entsprechend großen und kleinen Löchern je nach Größe und Leuchtkraft der Sterne. Jetzt setze ich ihn auf die Lampe und schwups sind alle Sterne im Zimmer."

Spielleitung: „Professor, ich habe gehört, dass es Sternbilder gibt, die schon vor vielen tausend Jahren von den Astronomen Namen bekommen haben, stimmt das denn?"

Prof. Kleinstein: „Oh ja. Kinder, kennt ihr vielleicht schon ein Sternbild?"

Lösung: Die bekanntesten Sternbilder in unseren Breiten sind wohl der große Wagen und der kleine Wagen. Beide bestehen aus den hellsten Sternen viel größerer Sternbilder, nämlich dem großen und dem kleinen Bär. Wer schon etwas mehr über Sterne weiß, kennt vielleicht das Himmels-W, auch Kassiopeia genannt. Sie steht am Himmel dem großen Wagen gegenüber und beide zusammen, also Kassiopeia und großer Wagen, nehmen den kleinen Wagen in die Mitte.

Prof. Kleinstein: „Der hellste Stern des Sternbildes kleiner Wagen ist gleichzeitig der Himmels-Nordpol, denn er steht genau über dem Nordpol der Erde *(zeigt den Nordpol am Globus)*. Wenn ich jetzt den Sternenhut über den Nordpol von unserem Globus halte, könnt ihr schön sehen, was ich meine."

Spielleitung: „Können die Kinder in Australien auch die Sterne sehen, die wir hier sehen, Professor?"

Prof. Kleinstein: „Wenn ihr ganz genau hinschaut, seht ihr, dass der Sternenhut nur ganz leicht über die Hälfte der Erdkugel reicht. Das heißt, einige Sterne sind schon zu sehen in Australien. Dennoch unterscheidet sich der südliche Sternenhimmel völlig von unserem nördlichen Himmel."

Sternenspaziergang

Wir brauchen: einige Decken – und eine sternenklare Nacht

Prof. Kleinstein: „Kinder, schaut nur die schönen Sterne. Kommt, wir legen uns auf die Decken und schauen uns in aller Ruhe die Sterne an.“
Spielleitung: „Professor, kennst du die alle auswendig?“
Prof. Kleinstein: „Nein, natürlich nicht, aber so einige kenne ich schon und von denen aus kann ich mir dann wieder andere merken. Zum Beispiel der große Wagen, der sieht ja so aus wie ein Bollerwagen, den die Eltern gerne für ihre Kinder ausleihen, wenn sie mit allem, was sie brauchen, z. B. an den Strand wollen. Seht nur, vorne ist die Deichsel und hinten der Kasten. Wenn ich seine beiden hinteren Kastensterne mit ausgestrecktem Arm zwischen Daumen und Zeigefinger nehme und 5-mal oben auf den Kasten türme, komme ich genau zum Polarstern, dem hellsten Stern des kleinen Wagens. Verfolgen wir diese Linie noch etwas weiter, kommen wir zum schwach leuchtenden Sternbild Kepheus. Rechts vom Kepheus liegt das Sternbild Kassiopeia. Durch dieses schöne W-förmige Sternbild verlaufen Teile der Milchstraße. Solche Hilfen gibt es recht häufig in der Astronomie und das ist sehr praktisch.“
Spielleitung: „Kannst du uns nicht noch mehr so schöne ‚Eselsbrücken‘ zeigen; ich glaube, ich könnte mich unter diesen vielen Sternen nie zurechtfinden.“
Prof. Kleinstein: „Wenn wir von den Deichselsternen eine leicht gebogene Linie nach Westen ziehen, kommen wir zum hellen, orangefarbenen Stern Arcturus. Er gehört zum Sternbild Bootes oder auch Bärenhüter, was uns natürlich daran erinnert, dass der große Wagen eigentlich zum Sternbild großer Bär gehört. Aber die meisten Sternbilder sind schon vor vielen tausend Jahren benannt worden und da waren die Astronomen sehr kreativ. Vielleicht dachten sie, diese dort und da unten der zusammen sehen so aus wie ein Jäger und dann haben sie diese Sternengruppe Himmelsjäger oder auch Orion genannt. So haben dann alle Sterne irgendwann Namen bekommen. Wir können ja auch einige neue Sternbilder erfinden und ihnen Namen geben!“
Spielleitung: „Prima Idee, also los, Kinder, ihr könnt mit den Fingern die Linien zwischen den Sternen an den Himmel zeichnen. Vielleicht fällt euch dann ja auch ein, was die gezeichnete Figur darstellen könnte, oder ihr habt sogar schon vorher eine Idee.“

Tipp

Die Aktion eignet sich besonders bei Übernachtungen im Kindergarten, beim Zelten oder zum Abschluss eines Festes. Die Vorgehensweise kann unterschiedlich sein, je nach dem, wie viel die Kinder bereits über die Sternbilder wissen.

Planetenweg

Wir brauchen: Sternenbücher, Karteikarten, Stift, Knete, Zollstock, 2 Luftballons, 2 Drahthalterungen für die Luftballons Saturn und Jupiter, 1 gelbe runde Wachstuchdecke (Ø 140 cm) als Sonne oder 1 Papierkreis aus mehreren Papieren zusammengeklebt, 1 Maßband (25 m, besser 50 m), evtl. 1 Kilometerzähler für Wanderer oder 1 Fahrrad mit Tacho, der Meter zählen kann, Holzpflöcke (z. B. aus Dachlatten), Klebeband, 1 dicker Hammer, Karteikarten, schwarzer Filzstift; evtl. 1 Orange

Vorbereitung: Die Wachstuchdecke, die die Sonne spielt, vorerst auf den Boden legen. Wenn wir die Sonne allerdings so klein machen, dass ihr Durchmesser nur noch 140 cm misst, müssen wir ihren wahren Durchmesser in Zentimeter, das ist die unglaubliche Zahl von Hundertvierzigmilliarden (140 000 000 000!) durch eine Milliarde teilen. Damit das Sonnensystem wieder in den Größenverhältnissen stimmt, müssen wir auch die Durchmesser der anderen Planeten in Zentimeter durch eine Milliarde teilen und wir erhalten ein Sonnensystem, das wir handhaben können und das auch in den Größenverhältnissen stimmt.
Beispiel: Erddurchmesser in cm = 1 274 000 000 cm dividiert durch 1 Milliarde = 1,3 cm

Prof. Kleinstein sitzt am Tisch, der mit Sternenbüchern überladen ist und rechnet offenbar schon lange, da viele Zettel mit Zahlen herumliegen und auch etliche auf dem Fußboden.

Prof. Kleinstein: „Ach, hallo Kinder, gut, dass ihr gerade Zeit habt. Ich möchte gerne einen Planetenweg bauen für Erwachsene, weil die ja immer alles erklärt bekommen müssen. Da könntet ihr mir prima helfen. Schaut einmal hier, diese Decke soll die Sonne werden und jetzt rechne ich gerade aus, wie groß die Planeten sein müssen, wenn wir die riesige Sonne auf 140 cm Durchmesser verkleinern. Dafür müssen wir dann kleine Modelle aus Knete machen. Ihr könnt nach meinen Berechnungen die Planeten formen. Einen Zollstock zum Abmessen habe ich auch irgendwo. Also, wenn ich richtig rechne, wäre der Merkur dann einen halben Zentimeter groß und 58 m von unserer Sonne entfernt.

- **Merkur**, 58 m, schreibe ich einmal hier auf diese Karte und wir legen sie mit der dazu gehörigen Kugel aus Knete vor die Sonnenscheibe, damit wir später wissen, was es sein soll.
- Die **Venus** wäre 1,2 cm groß und 108 m von der Sonne entfernt.
- Die **Erde** wäre 1,3 cm, ist aber schon 149 m von der Sonne entfernt.
- Der riesige Gasplanet **Jupiter** misst 14,2 cm und ist von unserer Modellsonne 778 m entfernt.
- Sein direkter Nachbar **Saturn** ist nur wenig kleiner, nämlich 12 cm, aber stolze 1427 m von unserem Sonnenmodell entfernt. Für die beiden Riesen habe ich Luftballons mitgebracht. Wenn ihr sie auf die richtige Größe aufgeblasen habt, könnt ihr sie verknoten und mit ihrer Karte vor die Sonnenscheibe legen.

Die nächsten Planeten sind wieder kleiner:

- **Uranus** ist 5 cm groß, aber 2869 m von der Modellsonne entfernt.
- **Neptun** tummelt sich in einer Entfernung von 4496 m zum Sonnenmodell und ist im Durchmesser 4,9 cm groß.
- Schließlich noch **Pluto**, der mit 0,2 cm von der Größe her der kleinste Planet ist, aber 5946 m von unserer Modellsonne entfernt ist.

Oh, schaut einmal Kinder, wie winzig unsere Erde aussieht vor der riesigen Sonnenscheibe. Aber drei Planeten sind noch kleiner, welche sind das wohl?"

Lösung: Merkur, Mars und Pluto.

Spielleitung: „Jetzt müssen wir aber auch noch den richtigen Abstand einhalten, Professor!"

Prof. Kleinstein: „Ja, und dazu gehen wir nach draußen. Wir befestigen jetzt die Sonne am Haus, damit sie alle sehen können. Dann messen wir aus, wo die Planeten hin müssen. Wir bilden neun Gruppen und jede Gruppe darf für einen Planeten sorgen. Nehmt die Planeten und die Kärtchen bitte mit nach draußen, Kinder!"

Tipp

Erst die Sonne aufhängen, dann ist der Merkur an der Reihe. 58 m mit dem Bandmaß abmessen, Pflock einschlagen und Merkur platzieren. Die Karte mit Klebeband am Pflock befestigen. Die Aktion kann einige Stunden in Anspruch nehmen, besser zu viel als zu wenig Zeit einplanen. Meistens ist die Aktion für einen Vor- oder Nachmittag zu viel, dann kann sie in zwei Teile aufgeteilt werden: 1. die inneren Planeten 2. die äußeren Planeten.
Je nach Alter der Kinder ist die 2. Aktion teilbar in die Riesenplaneten Jupiter und Saturn und den Rest, oder die 1. Aktion kann bis zum Saturn gehen und die letzten drei Planeten werden bei der 2. Aktion aufgestellt. In jedem Fall, werden Erkenntnis und Bewegung miteinander verknüpft und unser Sonnensystem wird im wahrsten Sinne des Wortes handhabbar, oder besser noch begehbar.

Variante

Natürlich gibt es auch eine weniger aufwendige Variante. Sie besteht darin, einen anderen Maßstab zu wählen: Die Sonne wird von einem großen, gelben Luftballon gespielt mit einem Durchmesser von 70 cm. Merkur ist dann noch 2,5 mm, Venus und Erde sind dann 6 mm groß, der Mars 3 mm. Jupiter ist dann 7,1 cm und Saturn 6 cm groß. Die Abstände zur Luftballonsonne betragen entsprechend nur noch die Hälfte: 29 m – 54 m – 74,5 m – 114 m – 385,4 m – 713,5 m – 1434,5 m – 2248 m – 2973 m. Natürlich sind 2973 m auch noch eine weite Strecke, fast 3 km, aber es ist schon wichtig, die gigantischen Weiten des Universums tatsächlich erlebbar zu machen und nicht zu verfälschen.

Professor Kleinstein sammelt Zeit

„Kinder, wie die Zeit vergeht, schon wieder ist ein Jahr vorbei“, sagen oft die Erwachsenen. Kinder erleben die Zeit jedoch anders. Für sie geht sie nicht so schnell herum. Für sie ist ein Tag schon irrsinnig lang und ein Jahr schier unendlich. Das ist einfach der enorme Unterschied zwischen der gefühlten Zeit und dem wirklichen Zeitablauf. Und das hat viel damit zu tun, dass die Erwachsenen Uhren tragen und die Zeit in immer kleinere Abschnitte einteilen. Als die Armbanduhren noch nicht so verbreitet waren, von digitalen Uhren einmal ganz zu schweigen, haben die Menschen sich noch am Stand der Sonne orientiert und sich vielleicht zum Kühe melken verabredet, wenn die Sonne über dem Kuhstall stand. Sie hatten noch Zeit! Eine Viertelstunde mehr oder weniger spielte keine Rolle, Warten bedeutete einfach Pause, ausruhen und sich erholen. Für Kinder gibt es immer etwas Interessantes zu erleben. Sie teilen ihre Zeit nicht ein in Arbeit, Pause, Wartezeit und Freizeit, denn alles ist eine Zeit, Kindheit eben. Stunden am Fenster sitzen und träumen und insgeheim darauf warten, dass es schneit oder der süße, kleine Hund des Nachbarn um die Ecke kommt, oder der Eismann oder der Schornsteinfeger, oder, oder ... Wie toll kann es sein, die Zeit verrinnen zu sehen. Aber besonders schön ist es zu entdecken, dass eigentlich unsere Sonne für die Zeit zuständig ist. Das können wir, indem wir verschiedene Dinge wahrnehmen oder bezeichnen, z. B. Sonnenflecken auf dem Fußboden oder an der Wand mit Kreide markieren. Wenn wir z. B. die Länge der Schatten in den unterschiedlichen Jahreszeiten vergleichen und das Licht der Sonne in seiner Farbigkeit zu unterschiedlichen Tages- und Jahreszeiten untersuchen.

Aber der unterschiedliche Umgang mit Zeit führt auch zu Problemen, z. B. wenn morgens, vor dem

Kindergarten unbedingt noch schnell ein Bild gemalt, einmal vom Bett gehüpft und das tolle rote Auto von Tante Lisa gesucht werden muss. Klar, dass so manch ein Elternteil dann bewusste Provokation vermutet. Die Kinder empfinden nicht den Zeitdruck, der uns Erwachsene stresst, im Gegenteil. Sie haben vielleicht besonders gut geschlafen und sind voller Elan und toller Ideen, die die Erwachsenen überfordern. Wir sind häufig nicht so entspannt, haben all die Dinge im Kopf, die zu bestimmten Zeiten erledigt werden müssen. Erwachsene haben außerdem häufig das Gefühl, dass die Zeit rast. Je jünger wir sind, desto langsamer scheint Zeit zu vergehen. Erinnern Sie sich bloß einmal an das Warten auf Weihnachten!

Zeit ist relativ, auch die gefühlte Zeit. Das kennen wir ja aus verschiedenen Situationen. Wenn wir beim Zahnarzt sitzen und er bohren muss, werden Minuten zu Stunden. Der Urlaub von 14 Tagen hingegen ist in Nullkommanix vorbei. Aber woher kommt die Zeit denn nun? Die Sonne geht jeden Morgen im Osten auf und jeden Abend im Westen unter. Die Zeit, die dazwischen liegt, ist unser Tag, den die Menschen dann noch einmal in Stunden und Minuten eingeteilt haben. Im Sommer sind die Tage sehr lang, denn die Sonne geht früh auf, steht mittags hoch am Himmel und geht spät abends unter. Zum Herbst hin werden die Tage merklich kürzer, die Sonne steht auch nicht mehr so hoch am Himmel, ihre Bahn ist flacher und ihr Licht rötlicher. Natürlich sind dann ihre Strahlen auch nicht mehr so warm, es wird immer kühler, der Winter kommt. Die Tage sind jetzt sehr kurz, oft stellt sich ein Gefühl ein, als ob es nur noch dunkel wäre. Mit dem Frühjahr werden die Tage wieder länger und alles beginnt von neuem.

Die Tatsache, dass es auf unserem Planeten überhaupt Jahreszeiten gibt, liegt an der leicht gekippten Erdachse. Dadurch nimmt die Erde vier verschiedene Grundpositionen zur Sonne ein, wodurch Sommer, Herbst, Winter und Frühling entstehen. Diese Grundpositionen haben eine Auswirkung auf die Menge der senkrecht auf die Erde auftreffenden Sonnenstrahlen. Da vor allem die senkrechten Sonnenstrahlen sehr heiße Strahlen sind, ergibt sich aus ihrer Menge eine unterschiedliche Grundtemperatur. Die scheinbare Sonnenbahn von Ost nach West bestimmt die Länge des Tages. Ist die Bahn der Sonne sehr steil, wie im Sommer, braucht sie länger vom Aufgang bis zum Untergang.

Wenn wir nur die scheinbare Bahn der Sonnen um die Erde betrachten, ist es nicht so verwunderlich, dass die Menschen zu Zeiten von Nikolaus Kopernikus (1473–1543) noch an eine Erde im Mittelpunkt des Universums glaubten, um die sich alle Gestirne drehen. Gibt sie doch einen ähnlichen Eindruck wieder, wie die Bahn des Mondes um die Erde. Erst 1610, ein Jahr nach der Erfindung des Fernrohres durch einen holländischen Brillenmacher, gelang es dem Italiener Galileo Galilei das neue Weltbild plausibel zu erklären.

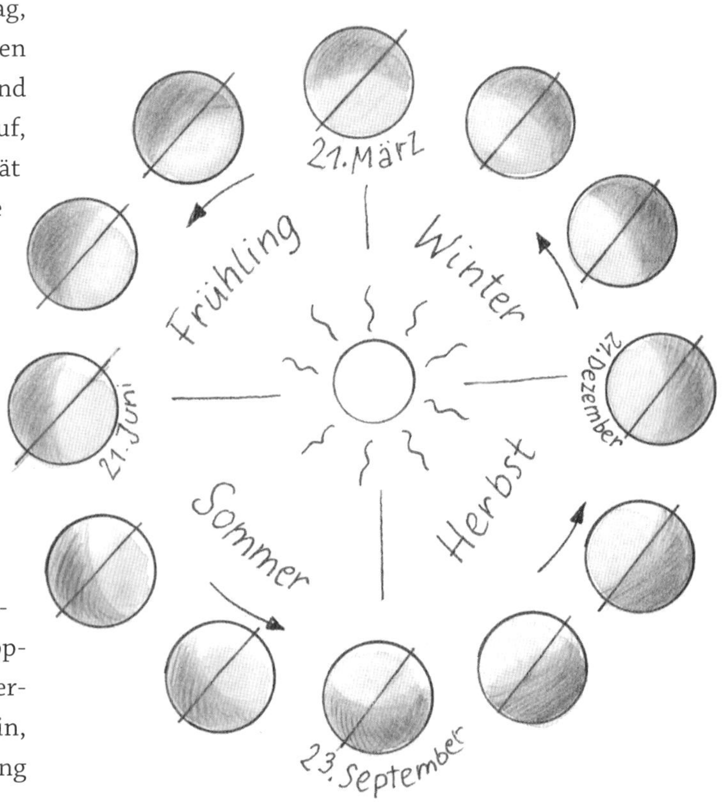

Zeitsammlung

Wir brauchen: verschiedene Sonnenuhren (Papiermodelle bei Astromedia, ➜ S. 104), 1 Holzstab (mind. 50 cm lang), Sandkasten, 1 Kompass – und natürlich Sonne (oder 1 Taschenlampe, wenn die Sonne gerade nicht scheint)

Die Kinder treffen Prof. Kleinstein im Garten an, wo er einen Stab in den Boden gesteckt hat und Striche in den Sand malt.

Spielleitung: „Hallo Professor, wollen wir bei dem schönen Wetter heute draußen experimentieren?"

Prof. Kleinstein: „Wie, oh ja, natürlich gerne, wir brauchen ja die Sonne!"

Spielleitung: „Wozu brauchen wir die Sonne, willst Du wieder Feuer machen?"

Prof. Kleinstein: „Nein, heute möchte ich mit euch Zeit sammeln!"

Spielleitung: „Was für eine Idee, Professor, Zeit sammeln, wie soll das denn gehen?"

Prof. Kleinstein: „Das ist einfacher, als es aussieht. Schaut doch einmal, was ich mitgebracht habe!"

Spielleitung: „Was sind denn das für seltsame Geräte?"

Prof. Kleinstein: „Ja, das ist meine Sonnenuhrsammlung. Sonnenuhren sind die ältesten Uhren, die die Menschheit kennt. Alle anderen Zeitmesser kamen viel später.

Spielleitung: „Und du sammelst also diese Sonnenuhren, Professor? Das ist toll! Da kannst du uns doch bestimmt zeigen, wie wir so eine Sonnenuhr bauen können. Das wäre dann der Anfang unserer Sonnenuhrenzeitsammlung, was meinst du?"

Prof. Kleinstein: „Da beginnen wir am besten mit einer ganz einfachen Sonnenuhr! Vielleicht einer der frühen Sonnenuhren, die Griechen nannten sie Gnomon, das bedeutet so viel wie ‚senkrechter Schattenstab'. Außer dem Schattenwerfer gab es nur einige wenige Zeitmarken, wie die Mittagslinie."

Wir bauen eine Sonnenuhr

Wir brauchen: 1 Blumentopf (ohne Loch im Boden), Sand, 1 dünner Stab (z. B. Schaschlikspieß), etwas Farbe, 1 Pinsel, 1 Kompass, 1 Stoppuhr oder 1 Wecker – und natürlich Sonne

Prof. Kleinstein: „Wir füllen den Sand in den Blumentopf und stecken den Stab genau in die Mitte. Auf eine Seite des Topfes malen wir ein großes S für Süden und genau gegenüber ein N für Norden (wer das noch nicht kann, bekommt selbstklebende Buchstaben). Mit dem Kompass richten wir jetzt die Sonnenuhr aus, und schon können wir die Zeit ablesen."

Spielleitung: „Aber Professor, wir haben doch noch gar keine Zahlen, ohne Zahlen nutzt die Uhr ja gar nix!"

Prof. Kleinstein: „Geduld, Geduld, wir sind ja erst am Anfang. Diese Sonnenuhr soll doch *unsere* Zeit zeigen und deshalb müssen wir überlegen, welche Zeiten am Tag für uns wichtig sind. Also, wann kommen die Kinder morgens in die Gruppe, wann wird gefrühstückt, wann gibt es Mittagessen und schließlich, wann werden die Kinder abgeholt? Wenn unser Wecker die entsprechende Zeit anzeigt, sagen wir mal für das Frühstück, machen wir da, wo der Schatten der Sonnenuhr auf dem Blumentopf zu sehen ist, einen farbigen Strich. Wenn ihr wollt, könnt ihr auch ein kleines Bild vom Frühstück dazu kleben. Mit der Zeit, wenn die Kinder kommen oder gehen, machen wir es ebenso. Wenn der Wecker also z. B. 9 Uhr anzeigt und bei euch alle bis 9 Uhr morgens in der Gruppe bzw. Klassen sein sollen, dann macht ihr um 9 Uhr dort auf dem Blumentopf einen Strich, wo der Schatten zu sehen ist. Dort klebt ihr vielleicht ein Bild von der ganzen Gruppe hin. In einigen Kitas oder Schulen wird ja um 12 Uhr zu Mittag gegessen, da könntet ihr dann, wenn es soweit ist, auch wieder dort einen farbigen Strich auf dem Blumentopfrand machen, wo der Schatten zu sehen ist.

Spielleitung: „Und was ist mit der Zeit dazwischen? Da fehlt ja ganz viel!“

Prof. Kleinstein: „Nun, die Zeit dazwischen haben wir einfach für uns, zum Experimentieren, zum Spielen, zum Träumen und Erzählen. Die Afrikaner haben da ein ganz tolles Sprichwort: ‚Der liebe Gott hat den Europäern die Uhren gegeben und den Afrikanern die Zeit!‘“

Taschensonnenuhr

Wir brauchen: Postkartensonnenuhren (z. B. von Astromedia, ➜ S. 104), 1 Kompass (evtl. Papierkompass von Astromedia), Scheren

Spielleitung: „Du, Professor, wie haben die Leute das denn gemacht, wenn sie unterwegs waren? Die konnten doch ihre Blumentopfsonnenuhr nicht mitnehmen!"

Prof. Kleinstein: „Ja, das war tatsächlich lange ein Problem, aber dafür gab es auch eine Lösung. Vor etwa 300 Jahren war die hohe Zeit der Taschensonnenuhren. Die gibt es auch heute noch. Auf Trödelmärkten findet der aufmerksame Sammler manchmal schöne Sonnenuhren, die wie Schmuckstücke aussehen. Meistens kosten die natürlich auch so viel wie ein Schmuckstück, aber ich habe eine Taschensonnenuhr gefunden, die ganz preiswert ist und prima funktioniert, nämlich diese kleine Postkarte. Wir brauchen sie nur nach der Anleitung auszuschneiden, dann wird der Zeiger ausgeklappt und alles ausgerichtet und schon können wir die Zeit ablesen. Wenn du sie nicht mehr brauchst, faltest du sie einfach zusammen und steckst sie in die Tasche, den Rucksack oder den Schulranzen."

Spielleitung: „Das ist wirklich sehr praktisch, Professor, aber dazu brauchen wir auch noch einen Kompass, sonst ist die Uhr ungenau."

Prof. Kleinstein: „Ja, daran habe ich auch gedacht und habe euch einen Kompass mitgebracht." (➜ S. 70, Professor Kleinstein und die unsichtbare Kraft)

Prof. Kleinstein zeigt den Kindern seinen Kompass und alle dürfen ihn ausprobieren.

Spielleitung: „Dann haben wir ja alles zusammen und brauchen nur noch den Zeiger ausschneiden. Also, versuchen wir es, Kinder, hier sind die Scheren."

Tipp

Bei einigen Kindern sollte vorher ein „Anfang" mit dem Cutter geschnitten werden und bitte genau erklären, wie und was geschnitten wird und bis wohin. Das ist ein schönes Schneidetraining und kann vielleicht vorher an einigen Übungsbogen ausprobiert werden, die mit einfachen Strichformen schnell herstellbar sind.

Prof. Kleinstein: „Jetzt hat also jeder von euch seine eigene Sonnenuhr zum Mitnehmen. Aber eines müssen wir noch überlegen: Was meint ihr, woher kommt es, dass der Schatten auf unserem Zifferblatt wandert? Macht er das von ganz alleine oder hat er Hilfe?"

Lösung: Der Schatten des Zeigers entsteht durch das Licht, das die Sonne auf ihn wirft, genau wie unser eigener Schatten auch. Weil die Sonne aber nicht den ganzen Tag von derselben Stelle am Himmel aus scheint, sondern von Osten nach Westen wandert, ändert sich die Richtung, aus der sie auf den Schattenwerfer scheint. Dadurch ändert der Schatten auch seine Richtung. Es ist die Sonne, die scheinbar um die Erde wandert und bei dieser Wanderung aus unterschiedlichen Richtungen auf unsere Uhr scheint, so dass der Schattenwerfer ständig ein klein wenig anders beschienen wird und dadurch sein Schatten immer etwas weiter wandert.

Wandernde Sonnenflecken

Wir brauchen: Kreide in verschiedenen Farben, evtl. Kreppklebeband (wenn der Boden nicht bemalt werden soll), 1 Uhr (evtl. 1 größere Sanduhr)

Prof. Kleinstein: „Oh, schaut nur einmal die Sonnenflecken hier im Zimmer an. Sind die komisch geformt. Hat einer von euch eine Ahnung, wie das kommt?“
Lösung: Die Form der Fenster formt das Sonnenlicht, das ins Zimmer fällt.

Prof. Kleinstein: „Damit wir besser sehen können, wie die Sonne wandert, werden wir die Sonnenflecken am Boden mit Kreide nachzeichnen und zwar alle 10 Minuten.“
Alle Kinder machen mit und teilen sich auf die verschiedenen Sonnenflecken auf. Sie zeichnen alle Flecken genau am Rand entlang (bzw. umkleben sie). So entsteht ein Muster und nach 10 Minuten kann jeder sehen, wie sich die Flecken verschoben haben. Erneut zeichnen die Kinder die Flecken nach. Nach einer Stunde liegen viele verschiedene Sonnenflecken in unterschiedlichen Farben gefächert über- und nebeneinander.
Spielleitung: „Die Sonnenflecken werden aber auch länger und kürzer, wie kommt das denn?“
Prof. Kleinstein: „Ja das ist wieder so eine wichtige Fragen, die wir sehr schön mit einem Experiment beantworten können.“

Lange Schatten – kurze Schatten

Wir brauchen: 1 Sonnenuhr, 1 Taschenlampe, 1 Stab, etwas Knete, 1 Bleistift 4 B, 1 Bogen Papier DIN A3, 1 Zollstock

Prof. Kleinstein: „Mit der Knete bauen wir eine Halterung für den Stab, so dass er stehen kann und auf dem Papier frei verschiebbar ist. Den Stab nun mit der Taschenlampe in verschiedenen Positionen anleuchten und den Schatten genau mit dem Bleistift auf dem Papier nachzeichnen.“
Lösung: Die Länge des Schattens hat natürlich auch mit der Sonne zu tun. Wenn sie hoch am Himmel steht, sind die Schatten am kürzesten. Wenn die Sonne tief steht, also am Horizont, werden die Schatten lang. Außerdem gilt: je kürzer der Tag, desto länger der Schatten, wie im Winter.

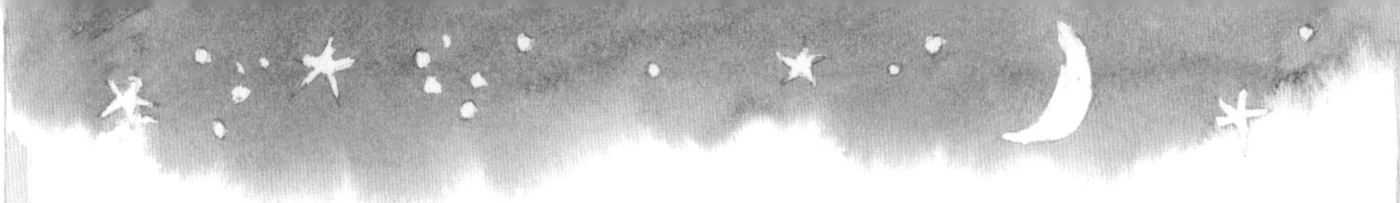

Die geklaute Stunde

„Mama sagt, heute Nacht wird uns eine Stunde geklaut. Was meinst Du, Teddy, ob das stimmt? Ich will unbedingt wissen, wer die klaut und wann. Na und wie der das macht natürlich.“ Hannes war ganz aufgeregt und obwohl Teddy sein übliches Brummbärgesicht aufgesetzt hatte, ließ Hannes sich nicht von seinem Entschluss abbringen. Heute Nacht würde es geschehen und er musste unbedingt dabei sein, wenn die Stunde verschwindet. Wenn sie erst einmal damit begonnen hatten, auf den Stundendieb zu warten, würde Teddy seine schlechte Laune schon verlieren. Hannes war sich da absolut sicher, das war bisher noch immer so gewesen. Vorerst mussten sie aber den Plan unbedingt geheim halten. Weder Mama noch Lucy, seine kleine Schwester, durften etwas merken, sonst war es aus mit der Stundendiebjagd, völlig klar. Lucy würde petzen und Mama schätzte es gar nicht, wenn nach dem Gutenachtkuss noch „action“ in den Kinderzimmern war. Also mussten sie alles still und heimlich vorbereiten. Die Taschenlampe von Onkel Henning hatte Hannes sowieso griffbereit unter seinem Bett liegen. Aber der neue Funkwecker, den Papa Hannes neulich von der Dienstreise mitgebracht hatte, der stand viel zu weit weg, unmöglich ihn zu überwachen und das war schließlich Hannes wichtigste Spur! Papa hatte geschworen, dass dieser Wecker mit Funk ferngesteuert wird und sofort jede Veränderung der Zeit anzeigt. Hannes musste also nur die Digitalanzeige beobachten und würde sofort bemerken, wenn sich jemand an der Zeit zu schaffen macht. Er rückte also den kleinen Tisch mit dem Wecker nah an sein Bett, so dass er die Anzeige leicht sehen konnte. Vielleicht sollte ich noch einige von den leckeren Vanillekeksen mopsen, die Tante Lilli gestern vorbeigebracht hatte, nur für den Fall, dass Teddy Hunger bekommt von der Warterei, schoss es Hannes durch den Kopf. Teddy konnte ganz schön verfressen sein, vor allem, wenn es spannend wurde. Besser ist besser. Hannes stapfte in die Küche, wo wie erwartet die Spülmaschine einen Höllenlärm veranstaltete, was äußerst praktisch war, denn Mama konnte so unmöglich die quietschende Schranktür bis ins Wohnzimmer hören, wo sie mit Papa bei den Nachrichten saß. Schnell wie der Blitz waren einige Kekse in der Schlafanzugjackentasche verschwunden. Im Vorbeigehen lauschte Hannes an der Wohnzimmertür und erhaschte gerade noch einen Satzfetzen: „... wird also die kommende Nacht eine Stunde weniger Schlaf für Sie bereithalten, aber dennoch wünsche ich Ihnen eine geruhsame ...“ Hannes traute seinen Ohren kaum. Selbst im Fernsehen schienen alle davon zu wissen und trotzdem wollte offenbar keiner etwas dagegen unternehmen, nicht zu glauben! Hannes schlich schnell zurück in sein Zimmer, wo Teddy schon ungeduldig auf ihn zu warten schien. „Hast sofort die Vanillekekse gerochen, was? Aber die sind für später. Jetzt erst einmal ganz ruhig bleiben, Mama muss jeden Moment hereinschauen. Du tust am besten, als ob du schon schläfst, und ich schaue noch ein Buch an.“ Hannes hatte gerade noch Zeit mit seinem Lieblingsbuch unter der Bettdecke zu verschwinden, da hörte er Mamas Schritte auch schon im Flur. „Na“, sagte Mama, „schläft mein kleiner Schatz noch nicht? Hast du auch die Zähne geputzt?“ Hannes hasste diese Frage, er war doch kein Baby mehr. Aber Mamas schienen ja sowieso als letzte zu bemerken, dass ihre Söhne keine Babys mehr waren. „Alles erledigt, Mama“, sagte Hannes wahrheitsgemäß. „Dann schlaf gut und träume recht schön.“ Mama küsste ihn auf die Stirn und roch dabei so gut und ihre Lippen waren so warm und Hannes fühlte, wie er schläfrig sagte, „Gute Nacht, Mama!“

Hannes schreckte hoch, als es schon dunkel im Zimmer war und Mamas Schritte auf dem Flur längst verhallt waren. Teddy musste ihn im richtigen Moment geknufft haben, sonst wäre Hannes bestimmt ins Traumland entwischt, und dabei wartete doch ein Abenteuer auf sie beide. Gut, dass Teddy aufgepasst hatte, sonst wäre Hannes glatt eingeschlafen. Es war aber auch so was von gemütlich in seinem Bett, weich und warm und …
„Komm, Teddy, ich halte die Taschenlampe und du die Kekse, nein, gib lieber mir die Kekse und nimm du die Lampe", sagte Hannes, „sonst hast du alle aufgegessen, wenn es richtig spannend wird." Und so warteten sie eine Stunde und noch eine Stunde und starrten beide auf den neuen Funkwecker. Hannes brannten schon die Augen ganz entsetzlich und auch Teddys Augen glänzten im Licht der Taschenlampe rötlich. Aber sie mussten unbedingt durchhalten. Erst wollte Hannes nicht einen Blick vom Wecker lassen, aber dann hatte er doch noch eine prima Idee. Er setzte sich so hin, dass er den Wecker im Auge behalten konnte und trotzdem in der Lage war sein Buch zu lesen. Ein Augenaufschlag genügte und er hatte die Zahlen des Weckers im Blick. „So lässt es sich viel besser auf den Stundendieb warten", dachte Hannes, „jetzt vielleicht noch einen Vanillekeks, super, so macht Verbrecher jagen Spaß." Die Kekse schmeckten hervorragend, das Bett war weich und kuschelig, so langsam machte die Batterie der Taschenlampe schlapp, und ihr Licht wurde immer düsterer und dann, … ja dann muss Hannes nun wohl doch eingeschlafen sein. In Traum kämpfte er gegen Horden von Zeitdieben, die in großen Säcken halbe und ganze Stunden wegschleppen wollten. Gequält hingen ihnen gefesselte Minuten und Sekunden aus den Jackentaschen und schienen um Rettung zu flehen. Gerade wollte er sich auf einen Dieb stürzen und ihm die Beute entreißen, da drehte der sich zu Hannes um und sagte sehr freundlich: „Hannes, aufstehen, wir wollen doch heute die Oma besuchen!" Woher wusste dieser scheußliche Kerl, dass Hannes mit Mama zur Oma fahren wollte? Als Hannes die Augen öffnete, stand Mama an seinem Bett. „Na, mein Schatz, hast du gut geschlafen? Bestimmt bist du noch etwas müde, denn die heutige Nacht war ja eine Stunde kürzer, schau einmal, draußen ist es noch ganz dunkel." Hannes traute seinen Augen nicht. Vor dem Fenster war es noch stockdunkel, Mama musste sich vertan haben. Doch dann konnte er nicht mehr an sich halten: „Mama, Mama, beinahe hätte ich die Zeitdiebe erwischt, aber dann sind Teddy und ich doch eingeschlafen. Warum diese gemeinen Kerle auch so spät kommen mussten", platzte es aus ihm heraus. Mama lächelte und setzte sich zu Hannes aufs Bett.
„Aber Hannes, die Zeitdiebe sind gar nicht so böse, wie du glaubst, und überhaupt leihen sie die Stunde nur aus und bringen sie im Oktober wieder zurück. Dann wird die Uhr nachts wieder umgestellt: eine Stunde zurück nämlich. Also sagen wir, wenn es 3 Uhr ist wird die Uhr auf 2 zurückgestellt und wir haben die Stunde zwischen 2 und 3 doppelt zum Schlafen. Dann ist die Stunde wieder da. Jetzt mach nicht so ein enttäuschtes Gesicht, vielleicht ist es gut, dass du sie nicht erwischt hast. Denk nur an die Geschichte mit den Heinzelmännchen, als die Frau des Beckers sie erwischte, war es aus mit der nächtlichen Hilfe. Jetzt beeil dich, sonst kommen wir noch zu spät zum Bahnhof." „Schade", murmelte Hannes, „ich hätte schon gerne gesehen, wie es passiert."

Jahreszeiten

Wir brauchen: 1 Globus, 1 Lampe (evtl. Steh- oder Nachttischlampe mit großer Ballonbirne), 1 kleine Papierfigur, Klebeband

Prof. Kleinstein: „Also, Kinder, die Lampe spielt die Sonne und der Globus ist natürlich unsere Erde. Wenn die Lampe auf die Erde leuchtet, sehen wir immer einen Teil des Globus, der beleuchtet ist. Wer kann uns allen einmal zeigen, wo jetzt Tag und wo Nacht ist?"
Lösung: Die Tagesseite der Erde ist der Sonne zugewandt. Alles, was im Dunkeln liegt, ist der Nachtteil der Erde, er ist der Sonne abgewandt.

Prof. Kleinstein: „Ich klebe diese kleine Figur hier auf den Globus, genau da, wo wir jetzt vermutlich gerade sind. Jetzt schaut einmal, was passiert, wenn sich der Globus weiterdreht!"
Lösung: Dadurch, dass die Erde sich ständig um die eigene Achse und gleichzeitig um die Sonne dreht, wandern immer neue Bereiche aus dem Nachtteil heraus in den Tagteil und vom Tagteil in die Nacht.

Prof. Kleinstein: „Für immer andere Teile unserer Erde geht also die Sonne auf und unter. Für alle Menschen auf der ganzen Welt gilt aber immer: Die Sonne geht im Osten auf und im Westen unter. Warum ist das wohl so?"
Lösung: Die Erde dreht sich um die Sonne. Aber da sie sich auch gleichzeitig um sich selber dreht, und zwar von Westen nach Osten, sieht es so aus, als ob die Sonne morgens im Osten aufgeht und abends im Westen unter.

Spielleitung: „Jetzt verstehe ich aber immer noch nicht, wie das mit den Jahreszeiten ist!"
Prof. Kleinstein: „Nur Geduld, dazu kommen wir sofort. Während die Erde sich also um sich selber

dreht, ... oh, da fällt mir ein: Wer weiß denn vielleicht schon, wie lange die Erde für eine Umdrehung um sich selber braucht.
Lösung: Einen Tag bzw. 24 Stunden.

Prof. Kleinstein: „Also, wo waren wir, äh ja, genau, während also die Erde sich um sich selber dreht, dreht sie sich gleichzeitig auch um die Sonne und das dauert ganz schön lange. Oh, vielleicht weiß auch eines der Kinder, wie lange unsere Erde dazu benötigt?"
Lösung: 365 Tage bzw. 52 Wochen oder zwölf Monate oder ein Jahr.

Prof. Kleinstein: „Wenn jetzt unsere Erdachse ganz senkrecht durch die Erde gehen würde, hätten wir immer dieselbe Jahreszeit." *Prof. Kleinstein dreht den Globus so, dass die Erdachse senkrecht steht und geht damit im Kreis um die Lampe.* „Wir hätten natürlich auch immer dasselbe Wetter, vermutlich so etwas wie im Frühjahr oder Herbst, kühl, regnerisch und ungemütlich. Da aber unsere Erdachse schräg steht, unterscheiden sich die Jahreszeiten deutlich voneinander." *Läuft mit der Erde um die Lampe und zeigt den Stand der Erde zur Sonne.*

Stundenkerze

Wir brauchen: 1 Sonnenuhr, 1 Wecker, 1 lange Kerze, 1 größeren Porzellan- oder Metallteller, Streichhölzer, kleine Nägel, evtl. 1 100-g-Hammer, Maßband oder Zollstock

Prof. Kleinstein sitzt am Fenster mit der Sonnenuhr und einer Kerze. Wenn die Kinder hereinkommen, zündet er gerade die Kerze an.
Prof. Kleinstein: „Ah, da seid ihr ja!
Spielleitung: „Na, Professor, hast du dir die Kerze angezündet, damit du die Sonnenuhr besser ablesen kannst?"
Prof. Kleinstein: „Nein, das ist genau anders herum. Bestimmt habt ihr euch auch schon gefragt, was die Menschen wohl früher mit ihrer tollen Sonnenuhr gemacht haben, wenn keine Sonne schien oder nachts, wenn die Sonne längst untergegangen war. Genau diese Fragen haben sich die Wissenschaftler vor vielen tausend Jahren auch gestellt und dabei ist die Stundenkerze als eine der Ideen herausgekommen.
Spielleitung *(wenn die Kinder nicht fragen)*: „Wie funktioniert eine Stundenkerze?"
Prof. Kleinstein: „Wenn die Kerze etwas abgebrannt ist, so dass ihre Oberfläche gerade ist, können wir den Abstand richtig messen. Wir nehmen jetzt den Zollstock und messen, wie lang die Kerze ist und schreiben es auf. Wir müssen bei diesem Experiment viel Geduld haben, denn erst wenn unser Wecker nach einer Stunde klingelt, also genau eine Stunde vergangen ist, messen wir wieder, wie lang die Kerze dann ist."
Prof. Kleinstein stellt den Wecker. Nach einer Stunde:
Prof. Kleinstein: „So, bitte blast die Kerze aus, Kinder, dann werden wir genau messen!"
Spielleitung: „Das sind 3 cm weniger als vorher, Professor."
Prof. Kleinstein: „Also, das bedeutet, während die Sonne um eine Stunde gewandert ist, brennt unsere Kerze 3 cm. Wenn wir jetzt alle 3 cm einen Nagel

in die Kerze stecken, was glaubt ihr passiert, wenn wir die Kerze heute brennen lassen?"
Lösung: Nach jeweils einer Stunde wird ein Nagel auf den Teller fallen und mit dem Geräusch anzeigen, dass eine Stunde vergangen ist.

Prof. Kleinstein: „Damals mussten die Leute noch rechnen, wenn sie die Zeit wissen wollten. Wenn sie die Stundenkerzen bei Sonnenuntergang angezündet hatten, konnten die Menschen jede Stunde den fallenden Nagel hören und brauchten später nur die Nägel zusammenzuzählen, um zu wissen, wie viele Stunden vergangen waren."
Spielleitung: „Und du meinst also, Professor, wenn du die Nägel von der Stundenkerze einsammelst, dass du damit die Zeit gesammelt hast?"
Prof. Kleinstein: „Nun, wir könnten Sonnenuhren oder andere Uhren sammeln, vielleicht auch die Nägel der Stundenkerze oder schöne Bilder von der Sonne, wie sie gerade auf- oder untergeht, aber die Zeit selber lässt sich nicht festhalten. Nur in der Erinnerung ist Zeit in Erlebnissen gespeichert. Je länger wir leben und je neugieriger wir auf neue Erfahrungen sind, desto mehr Erinnerungen werden wir haben. Vielleicht könnten ja die Kinder die Erwachsenen hin und wieder daran erinnern, etwas zu tun, was vielleicht ganz unnütz in ihren Augen aussieht, aber einfach Spaß macht."
Spielleitung: „Aber wenn wir Zeit vertrödeln, dann ist sie doch erst recht weg und wir haben noch nicht einmal etwas Sinnvolles damit getan. So kann man doch bestimmt keine Zeit sammeln."
Prof. Kleinstein: „Doch, doch, denn dann *haben* wir Zeit und erleben sie ganz intensiv. Deshalb kommt den Kindern die Zeit auch lang vor und uns Erwachsenen immer kürzer, je älter wir werden. Das, was wir ‚Zeit vertrödeln' nennen, ist für Kinder intensives Erleben von Zeit. Wir wären als Erwachsene gut beraten, von den Kindern zu lernen und öfter einmal Zeit zu ‚vertrödeln': ein Bild zu malen, rote Autos zu zählen, Papierflieger zu bauen, den Regentropfen zuzuhören, durch frischen Schnee zu stapfen oder einfach ein wenig zu träumen."
Spielleitung: „Aber Professor, das ist doch für Erwachsene nicht normal!"
Prof. Kleinstein: „Eben, drum!"

Professor Kleinstein und die unsichtbare Kraft

Wind ist vielen kleinen Kindern eine besondere Freude. Warum? Nun, wir sehen ihn nicht, aber wir können spüren, wie er die Haare zerzaust, und sehen, wie er die Fahnen flattern lässt, den Leuten Hüte und Schirme entführt, Bäume zum Tanzen bringt und manchmal sogar Dächer abdeckt. Aber den Wind selber hat nie ein Mensch zu Gesicht bekommen.

Mit dem Magnetismus ist es genauso. Die Kraft selbst ist unsichtbar, nur die Wirkung lässt sich beobachten. Da rollen Kugeln den Berg hoch, Büroklammern bilden plötzlich Ketten und kleine Eisenteile lernen tanzen. Die Magnetkraft kann sogar tolle Bilder malen. Das ist anziehend im wahrsten Sinn des Wortes. Viele Kinder vergessen alles um sich herum, wenn sie mit Magneten beschäftigt sind. Alleine herauszufinden, welche Dinge angezogen werden und welche nicht, wo die geheimnisvolle Kraft wirkt, ist schon ein aufregendes Unterfangen. Aber dann geht's ja erst richtig los mit immer neue Testreihen, um herauszufinden, was passiert, wenn der Magnet weg ist: Bleibt die Kraft erhalten oder nicht? Und wenn sie bleibt, ist sie dann für immer da oder nimmt sie ab? So wie bei der Taschenlampenbatterie z. B., die immer schwächeres Licht erzeugt, bis sie schließlich leer ist. Fragen über Fragen und erstaunliche Ergebnisse.

Die Entdecker der ersten Magneten lebten im antiken Griechenland vor mehr als 2000 Jahren. Die Griechen der Antike sind ja schon häufiger in diesem Buch aufgetaucht. Sie haben das Mineral gefunden, das Eisen anziehen kann, und nannten es Magnethit nach der antiken Stadt Magnesia, die heute zur Türkei gehört und Manisa heißt. Unser Planet Erde ist der größte Magnet, den wir zur Verfügung haben. Deshalb können wir ihn, wenn wir einen Stoff mit magnetischen Eigenschaften haben, als Kompass nutzen, denn jeder frei bewegliche Magnet richtet sich den Polen unserer Erde entsprechend aus. Das sehen wir z. B., wenn wir unseren Stabmagneten auf einen großen Korken in eine Schüssel mit Wasser legen. Der Korken wird sich erst etwas drehen und richtet sich dann aber so aus, dass ein Pol des Stabmagneten nach Norden weist und der andere dann natürlich nach Süden. Durch diese Eigenschaft erhielten die beiden Seiten eines Magneten auch ihre Namen: Nordpol und Südpol.

Wer schon einmal mit Magneten experimentiert hat, weiß, dass sich entgegengesetzte Pole anziehen und gleiche sich abstoßen. Also ist es der Südpol eines frei beweglichen Stabmagneten, der nach Norden weist. Erstaunlich ist auch, dass ein zerbrochener Stabmagnet nicht in Südpol und Nordpol zerfällt, sondern alle Reststücke wieder beide Pole haben. Wir Menschen können ein Magnetfeld nicht wahrnehmen. Manche Tiere aber, wie etwa die Zugvögel, orientieren sich nach dem Erdmagnetfeld und finden so ihr Reiseziel.

Reißzweckentanz

Wir brauchen: pro 3–4 Kinder 1 dünne Sperrholzplatte (2–4 mm dick) oder 2-mm-Pappe, 4 größere Bauklötze, pro Kind 1 Magneten (evtl. aus Magnetbaukästen), Reißzwecken, kleine Nägel, 1 großen und starken U-Magnet
Vorbereitung: Wenn die Arbeitstische der Kinder dünne Tischplatten aufweisen und die verwendeten Magneten stark genug sind, kann direkt auf dem Tisch gearbeitet werden (vorher ausprobieren!). Auf die Tische kleine Häufchen Nägel, Reißzwecken und Büroklammern für jedes Kind legen, so dass es sofort mit dem Magneten unter der Platte die Gegenstände zum Tanzen bringen kann.

Professor Kleinstein betritt den Raum und begrüßt die Kinder recht ausgelassen und voller guter Laune, denn er ist total begeistert von einem etwas seltsam geformten, schweren Gegenstand, ziemlich groß und wie ein „U" geformt. Es ist ein ziemlich großer und starker Magnet.

Prof. Kleinstein: „Hallo Kinder, gut, dass ihr da seid, denn ich habe die halbe Nacht nicht geschlafen wegen diesem Ding hier. Ihr müsst euch unbedingt ansehen, was es für merkwürdige Kräfte hat!" *Prof. Kleinstein zeigt den Kindern, wie die Nägel und Reißzwecken auf dem Tisch tanzen, obwohl er das merkwürdige Ding nur unter dem Tisch hin- und herbewegt.*
Prof. Kleinstein: „Habt ihr eine Idee, Kinder, was das jetzt wieder ist, Zauberei, Spuk oder was?"
Lösung: Das ist die Kraft des Magneten.

Prof. Kleinstein: „Versucht einmal, ob ihr das auch könnt!" *Die Spielleitung verteilt Magneten an die Kinder und die Kinder probieren selbst aus, welche Gegenstände tanzen können …*

Magnetkraft unter Wasser

Wir brauchen: Büroklammern, mehrere Gießkannen, Wasser, etwas Schnur, einige U-förmige Magneten oder Stabmagneten
Vorbereitung: In die Gießkannen Wasser füllen und einige Büroklammern hineinwerfen.

Spielleitung: „Professor, mir sind meine ganzen Büroklammern in die Gießkanne gefallen, so ein Pech. Wie kriege ich die denn wieder raus? Ich will das Wasser nicht wegschütten, da ist doch schon Dünger für die Pflanzen drin, und reinfassen mag ich auch nicht, das ist mir viel zu nass!"
Prof. Kleinstein: „Ich bin sicher, die Kinder können da ganz schnell helfen. Schaut einmal, zur Lösung dieses Problems habe ich hier noch einige Hilfsmittel für euch!"
Die Kinder entwickeln selber Ideen, wie die Büroklammern aus der Gießkanne herauszuholen sind, ohne das Wasser auszugießen und ohne nasse Finger zu bekommen!
Lösung: Die Magnetkraft wirkt auch unter Wasser. So können die Büroklammern mit dem Magneten herausgefischt werden. Entweder vom Boden über die Seitenwand der Kanne nach oben, indem der Magnet an der Außenwand entlanggeführt wird, oder mit einem Magneten an einer „Angel". Sicher gibt es auch noch mehr Ideen!

Prof. Kleinstein: „Sind denn nur unsere Reiszwecken, Nägel und Büroklammern anfällig für die Kraft der Magneten oder wirken die geheimnisvollen Kräfte auch auf andere Dinge? Probiert doch einmal mit eurem Magneten aus, was sich alles anziehen lässt und was nicht." *Die Kinder überprüfen im Raum und in der Umgebung alle Gegenstände.*
Lösung: Alle Metallgegenstände mit hohem Eisengehalt sind empfänglich für die Kräfte des Magneten. Je mehr Eisen sie enthalten, desto stärker ist die Wirkung des Magneten.

Tipp
Bitte genug Zeit dafür einplanen, damit alle Entdeckungen der Kinder zur Sprache kommen können. Vielleicht entstehen dabei manche Ideen, die zu Experimenten Anlass geben, aber nicht unmittelbar zum Thema gehören. Das ist prinzipiell kein Problem, sondern sogar gewünscht, denn es geht um die Freude am Entdecken und nicht um die Erfüllung von Lehrplänen.

Eigensinnige Magneten

Wir brauchen: pro Kind 1 Magnet

Prof. Kleinstein: „Ihr könnt auch einmal ausprobieren, wie sich eure Magneten miteinander verhalten. Ziehen sie sich an, wenn ihr sie aneinander haltet? Wenn ja, tun sie das immer und in jeder Position?"
Lösung: Ungleiche Pole ziehen sich an, gleiche Pole stoßen sich ab.

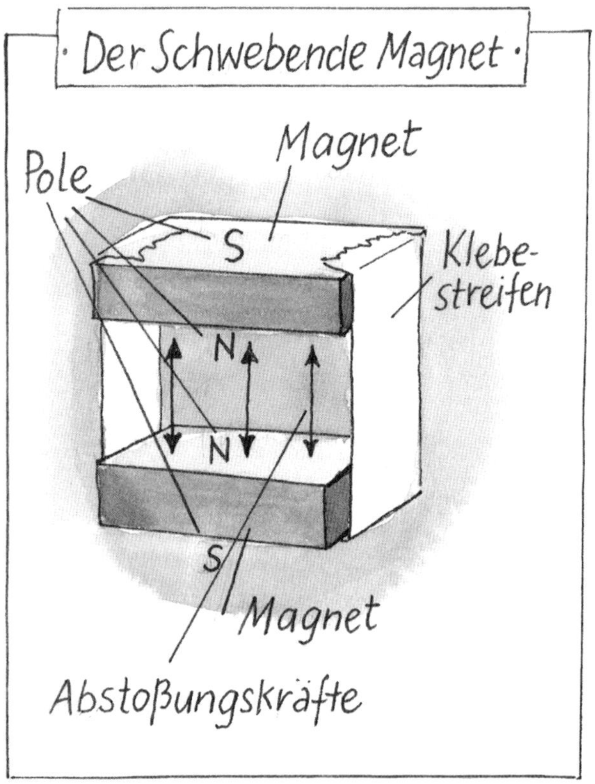

Der schwebende Magnet

Wir brauchen: pro Kind 2 runde Magneten, Klebestreifen
Vorbereitung: Alle Magneten vorher ausprobieren, ob sie sich wirklich abstoßen und durch die Abstoßung in geringer Distanz mit transparentem Klebeband übereinander zu fixieren sind. Manche Post-it-Magneten sind nicht geeignet, weil sie aus vielen kleinen Magnetstücken bestehen und sich bei geringer Verschiebung dann doch wieder anziehen!

Prof. Kleinstein: „Probiert doch einmal, ob ihr von beiden Magneten die Pole findet, die sich gegenseitig abstoßen. Das könnt ihr fühlen. Fühlt sich etwa so an, als ob ein weiches Polster zwischen den Magneten ist, wie ein kleiner Luftballon. Wenn ihr die richtigen Pole gefunden habt, haltet ihr die Magneten zusammen und wir kleben einen Klebstreifen drum herum."
Lösung: Die Magneten schweben durch den Klebstreifen gehalten übereinander.

Prof. Kleinstein: „Seht nur Kinder, wie die Magneten schweben. Genau so funktioniert die Magnetschwebebahn. Auf so einem Magnetpolster, wie ihr es vorhin fühlen konntet, schwebt diese Schnellbahn, statt auf Rädern zu fahren."

Geheimnisvolle Kräfte sichtbar machen

Wir brauchen: Stabmagneten oder andere Magneten mit eindeutigen Polen, Papier, Eisenpulver (Bestelladresse → S. 104)

Die Magneten auf den Tisch legen. Zwei Kinder halten das Papier direkt über den Magneten und streuen von oben etwas von dem Eisenpulver auf das Papier.
Prof. Kleinstein: „Oh, seht einmal Kinder, hier sind sie, die geheimnisvollen Kräfte des Magneten!"
Spielleitung: „Professor, jetzt verstehe ich auch, was das Wort ‚Magnetfeld' bedeutet, schau nur, wie die Magnetkraft rings um die Enden des Magneten und zwischen ihnen wirkt, als würden die Eisenteilchen vom Nordpol zum Südpol des Magneten wandern und wieder zurück!"
Prof. Kleinstein: „Ja, es scheint einen gewissen Austausch zwischen den Polen zu geben, als wollten sie sich gegenseitig anziehen. Vielleicht habt ihr schon einmal ein Bild von dem größten Magneten gesehen, dem Magneten, auf dem wir leben, unsere Erde nämlich. Ihr Magnetfeld sieht sehr ähnlich aus, wie unser Eisenpulverbild von den Magnetlinien des Stabmagneten. Das Magnetfeld der Erde ist eine Art Schutzschild vor vielen schädlichen Strahlungen aus dem Weltall und besonders vor dem Sonnenwind." (→ S. 50, Prof. Kleinstein sieht Sterne, und S. 37, Prof. Kleinstein und der Tagesstern)

Spielleitung: „Da leben wir also auf einem ganz großen Magneten und merken es gar nicht? Wieso kriegt das keiner von uns mit, Professor?"
Prof. Kleinstein: „Nun, wir bemerken es nicht, weil wir keinen Magnetsinn haben. Mit unseren Sinnen, dem Sehsinn der Augen, dem Hörsinn der Ohren, dem Geruchssinn der Nase, dem Geschmackssinn des Mundes, dem Gleichgewichtssinn des Innenohres, dem Tastsinn von Hand, Fuß und

Haut können wir die Magnetkraft auf unserem Planeten nicht wahrnehmen. Aber einige Tiere können das perfekt, unter ihnen Zugvögel wie die Rotkehlchen. Sie finden ihren Weg, weil sie die magnetischen Kräfte von Nord- und Südpol unserer Erde wahrnehmen. Wir Menschen brauchen dazu einen Kompass, der uns zeigt, wo Norden ist. Aber wir können uns so einen ‚Nordfinder' ganz einfach selber bauen!"

Spielleitung: „Das ist toll! Dann wissen wir immer, wo Norden ist." (➜ S. 59, Prof. Kleinstein sammelt Zeit)

Wir bauen einen „Nordfinder"

Wir brauchen: 1 Schüssel, Wasser, 1 Korken oder 1 runde Scheibe Styropor, Klebeband, 1 kleinen Stabmagneten mit farbig markierten Polen, 1 Filzstift

Prof. Kleinstein: „Ich lege einfach den Magneten auf die große Kork- bzw. Styroporscheibe und klebe ein Klebeband darüber, damit er auch da liegen bleibt. Da ich an der Markierung der Magneten sehen kann, wo der Nord- und wo der Südpol des Magneten ist, muss ich mich nur noch erinnern, welcher Pol meines Magneten welchen Pol eines anderen Magneten anziehen kann. Das ist jetzt natürlich die Frage, die es zu lösen gilt, Kinder:

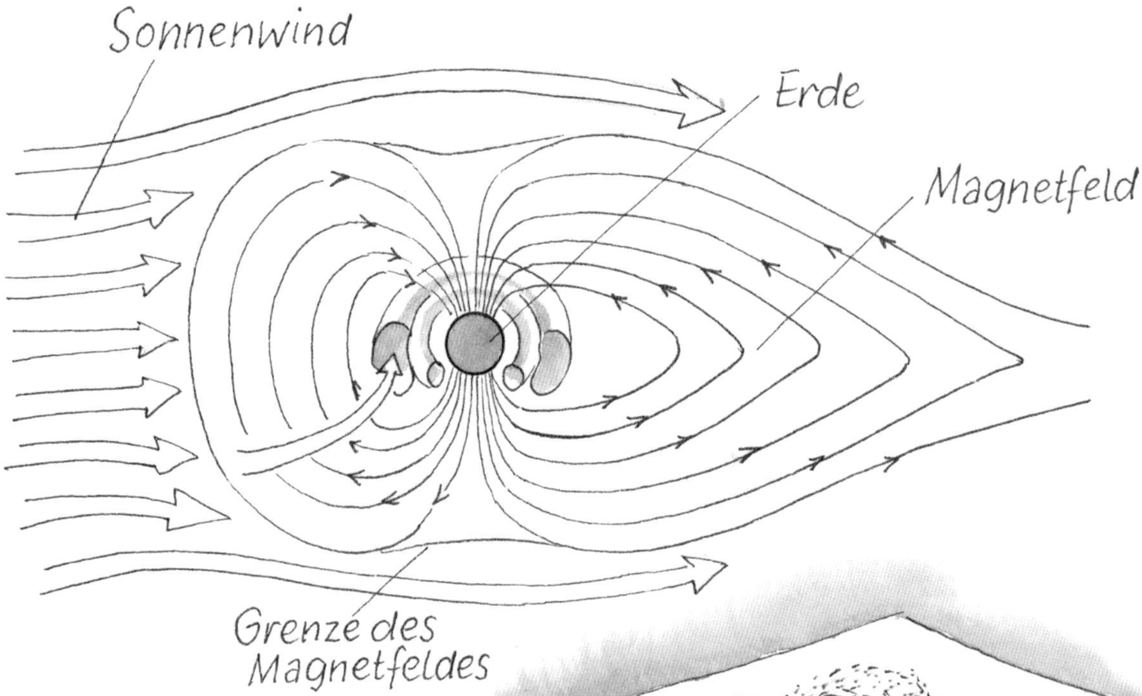

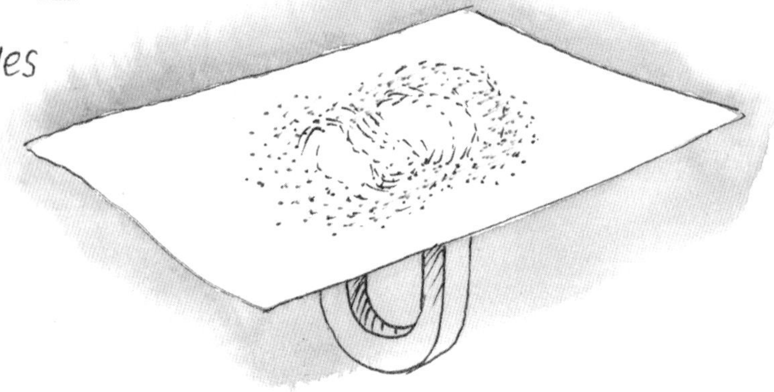

Wenn sich der Magnet nach dem Erdmagnetfeld ausrichtet, welcher Pol unseres Magneten müsste dann zum Nordpol der Erde zeigen? Das ist nicht so leicht, aber ihr braucht nur an die Experimente mit den beiden Magneten zu denken. Welche Pole ziehen sich an?“

Lösung: Die gegensätzlichen Pole ziehen sich an und deshalb zeigt der Südpol des Magneten nach Norden.

Prof. Kleinstein: „Und damit unser Magnet überhaupt etwas anzeigen kann, muss er ganz frei beweglich sein. Deshalb legen wir ihn hier aufs Wasser. Jetzt schaut einmal, was passiert.“

Lösung: Die schwimmende Scheibe mit dem Magneten dreht sich und pendelt sich in einer Position ein. Der Südpol des Magneten zeigt, wo Norden ist, und sein Nordpol zeigt uns, wo es nach Süden geht.

Spielleitung: „Prima, jetzt schreiben wir mit dem Filzstift die Himmelsrichtungen auf die Scheibe, dann können wir sie immer gleich ablesen.

Der kaputte Magnet

Wir brauchen: 2 Stabmagneten gleicher Größe, Eisenpulver, Papier, Nägel

Prof. Kleinstein hantiert etwas ungeschickt und plötzlich fällt ein Stabmagnet herunter und zerbricht in zwei Teile.

Prof. Kleinstein: „Schade, der schöne Magnet. Aber wartet einmal, Kinder, ist jetzt ein Teil der Südpol und der andere der Nordpol, oder wie? Habt ihr eine Idee, wie wir das ganz leicht herausfinden können?“

Lösung: Wir legen den Magneten unter das Papier, streuen Eisenpulver darüber und sehen wie zuvor zwei Pole. Anschließend nehmen wir den zweiten Stabmagneten und prüfen nach, ob wirklich zwei Pole da sind, denn dann müsste ein Pol angezogen und der andere von dem gleichen Pol des intakten Stabmagneten abgestoßen werden.

Spielleitung: „Wir wollen ja jetzt nicht alle Magneten kaputt machen, Professor, aber wenn wir sie alle durchbrechen, dann hätten wir doch ganz viele Magneten?“

Prof. Kleinstein: „Das stimmt, wir haben dann mehr Magneten, aber ich bin nicht sicher, ob die auch genauso stark sind. Kommt Kinder, wir probieren einmal aus, wie viele Nägel in einer Kette der Stabmagnet heben kann und wie viele die Magnetstücke schaffen!“

Lösung: Die kleinen Stücke sind leider schwächer als der ganze Stabmagnet!

Magnetische Malerei

Wir brauchen: verschiedene Farbpigmente, Eisenpulver, genügend Papier, Magnete, 1 Schwamm, etwas Wasser

Vorbereitung: Jeweils ein Pigment dem Eisenpulver beimischen und das Papier mit dem ausgedrückten Schwamm leicht und gleichmäßig befeuchten. Den obigen Versuch wiederholen. Vielleicht auch mehrmals mit verschiedenen Pigment- bzw. Eisenpulvermischungen.

Prof. Kleinstein sitzt am Tisch, hat ein Papier über die Magneten gelegt und reines Eisenpulver darüber gestreut, als die Kinder hereinkommen.

Prof. Kleinstein: „Schaut einmal, was passiert, wenn ich mein Blatt über den Magneten in Bewegung bringe!"

Spielleitung: „Das sieht ja aus wie, also wie ... ja was meint ihr, Kinder, wie das aussieht? Woran erinnert euch das?"

Lösung: An Bäume, die durch den Wald wandern, Armeen, Fußballspieler, Marathonläufer ... Tänzer ...

Prof. Kleinstein: „Und es hinterlässt auch schöne Spuren auf dem Blatt!"

Spielleitung: „Ja, nur schade, dass wir die nicht festhalten können, die sind ja sofort wieder weg."

Prof. Kleinstein: „Oh, das können wir durchaus, da gibt es einen prima Trick! Wir müssen unser Eisenpulver nur mir Farbpulver, also Pigmenten, mischen und das Blatt etwas anfeuchten, aber nur ganz vorsichtig. Ich habe hier schon einmal eine solche Mischung vorbereitet."

Die Spielleitung verteilt Magnete, Papier und die Mischung aus Eisenpulver und Farbpigmenten, sowie feuchte Schwämme.

Lösung: Da nur die Eisenspäne vom Magneten angezogen werden, schieben sie sozusagen das Pigment über das Papier. So wird die Bewegung, die das Eisen vollzieht, festgehalten.

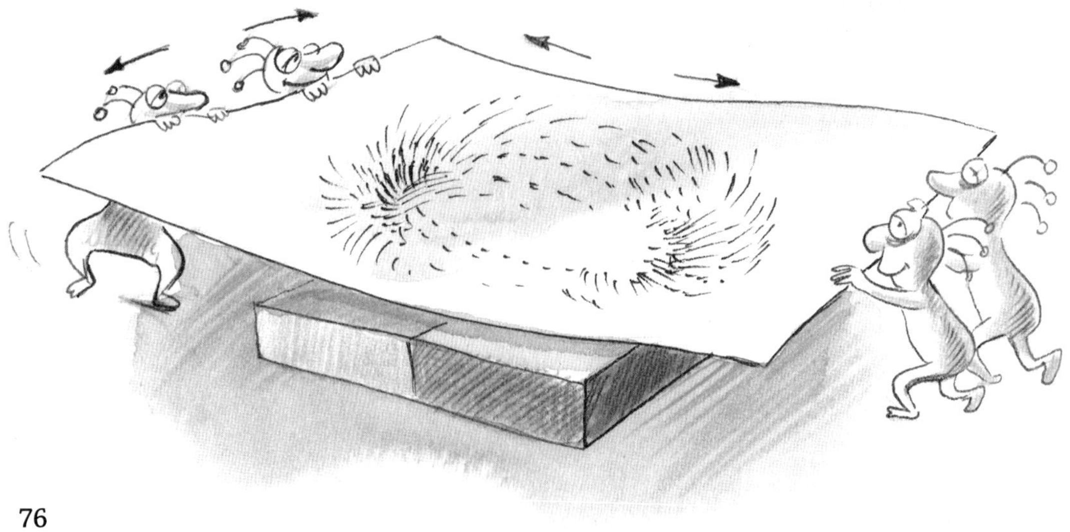

Gibt es magnetisches Wasser?

Wir brauchen: mehrere Luftballons, etwas Schnur, 1 Wollschal, 1 Waschbecken mit Wasserhahn, Plexiglas- bzw. Acrylglasstäbe (evtl. Zauberstäbe mit Glitter darin oder Besteck mit Acrylglasgriffen, selbst dicke Trinkhalme aus Kunststoff funktionieren), verschiedene Magnete

Spielleitung: „Sag einmal, Professor, gibt es diese geheimnisvolle Kraft nur in den Magneten oder ist die vielleicht auch in der Luft oder im Wasser?"
Prof. Kleinstein: „Eine ungewöhnliche Frage, aber solche Fragen sind mir ja immer am liebsten. Lasst uns doch einmal ausprobieren, wie das Wasser reagiert, wenn wir einen Magneten in seine Nähe bringen. Wir öffnen den Wasserhahn ein wenig, dass der Wasserstrahl so dünn wie möglich ist, aber sich nicht in lauter Tropfen auflöst. Geschafft. Jetzt könnt ihr einmal versuchen, wie das Wasser reagiert, wenn ihr eure Magneten in die Nähe des Wasserstrahles haltet."
Lösung: Das Wasser zeigt keine erkennbare Reaktion auf die Kraft der Magneten.

Spielleitung: „Aber ich habe ganz andere Magneten gefunden, Professor, schau einmal hier!" *Spielleitung zeigt zwei Luftballons jeweils an einer Schnur und reibt an beiden Ballons mit einem Wollschal. Schließlich versucht sie beide nebeneinander zu hängen, aber sie stoßen sich offenbar ab.*
Prof. Kleinstein: „Oh ja, das sieht ja toll aus, etwa so, als wären zwei Magneten mit den gleichen Polen aneinander geraten. Kinder, versucht doch einmal die beiden Ballons zusammenzubringen."
Lösung: Keine Chance, sie streben wirklich wie die Magneten mit gleicher Polung auseinander.

Prof. Kleinstein: „Wir könnten die Ballons auch einmal an das Wasser halten, was passiert dann wohl?"

Lösung: Der Wasserstrahl wird deutlich abgelenkt. Eine ähnliche Reaktion ergibt ein Plexi- oder Acrylglasstab, den die Kinder vorher mit einem Wollschal oder einem Wollhandschuh kräftig gerieben haben.

Spielleitung: „Wisst ihr was, Kinder, wir suchen jetzt Gegenstände im ganzen Haus, die vielleicht auch den Wasserstrahl verbiegen können, wenn sie vorher mit dem Schal gerieben werden und probieren sofort aus, ob es funktioniert."
Prof. Kleinstein: „Da bin ich aber gespannt, was ihr so alles findet!"

Tipp

Bitte wirklich alles ausprobieren lassen und die einzelnen Ergebnisse mit den Kindern besprechen. Es ist hier wieder ganz wichtig, darüber zu staunen und zur Sprache zu bringen, dass z. B. der Holzkochlöffel so lange mit dem Wollschal bearbeitet werden kann, bis er warm wird, und trotzdem den Wasserstrahl nicht beeinflusst.

Spielleitung: „Professor, haben wir denn nun neue Magneten gefunden, oder was ist das jetzt mit dem Ballon und all den anderen Gegenständen, die den Wasserstrahl um die Ecke fließen lassen?"
Prof. Kleinstein: „Ja, diese Abstoßung der beiden Ballons, das sieht natürlich aus, als handele es sich um zwei Magneten, die mit dem gleichen Pol aneinander gehalten werden. Wenn ich allerdings an unsere Versuche mit dem Wasserstrahl denke, bin ich nicht mehr so sicher. Kinder, was glaubt ihr: Sind der Ballon und die anderen Gegenstände Magneten oder nicht? Und wie können wir das herausfinden?"
Lösung: Nein, das sind leider keine neuen Magneten, denn echte Magneten können keine sichtbare Veränderung am Wasserstrahl hervorrufen, was die Ballons können, und die Ballons können wiederum kein Eisen anziehen.

Tipp

Das Ablenken des Wasserstrahls mit einem Ballon oder Acrylglasstab kann viel Zeit beanspruchen und sollte den Kindern fortan im Nassraum als Versuch zur Verfügung stehen, denn die Faszination dieses Versuchs ist sehr hoch. Für die 3–6Jährigen ist das ein Versuch zum Wundern und Staunen, ältere Kinder werden viele Fragen haben und dabei können die folgenden Versuche hilfreich sein. Grundsätzlich sei aber an dieser Stelle noch einmal darauf hingewiesen, dass es nicht primär um Wissensvermittlung geht, sondern um Freude am Forschen und am Lernen als Grundlage der Entwicklung eines jeden Kindes. Da die Teilnahme an den Versuchen zu jeder Zeit freiwillig ist, werden jüngere Kinder, denen es an einer Stelle, wie dieser hier, zu schwierig wird, sich entweder auf einen einfachen Versuch zurückziehen, den sie bewältigen können, oder zu einer anderen Beschäftigung übergehen. Auf keinen Fall sollten sie, egal wie nett und freundlich, zum Mitmachen überredet werden.

Spielleitung: „Du, Professor, jetzt haben wir so viele tolle Experimente mit Magneten gemacht, aber du hast noch gar nichts über Sonne, Mond und Planeten erzählt. Ich dachte immer, die werden auch durch Magnetismus am Himmel gehalten, oder stimmt das am Ende gar nicht?"
Prof. Kleinstein: „Na sagen wir, es stimmt nicht so ganz. Es handelt sich um mehrere Kräfte, die in unterschiedliche Richtungen wirken. Aber in einem Punkt ist die Idee schon ganz richtig: Es ist mindestens eine Anziehungskraft dabei, die wir genauso wenig sehen können, wie die Magnetkraft." (➜ S. 37, Prof. Kleinstein und der Tagesstern, und S. 50, Prof. Kleinstein sieht Sterne)

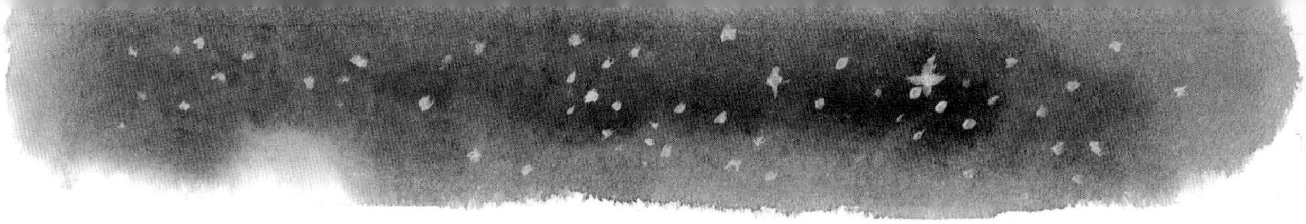

Warum die Sterne nicht vom Himmel fallen

Sir Isaac Newton ging in seinem Arbeitszimmer auf Schloss Hackenthrow mit gewaltigen Schritten auf und ab. Das tat er immer, wenn er ein wichtiges Problem zu bedenken hatte, so auch heute. Obwohl seine Diener alles Erdenkliche unternahmen, um diese „Rennstrecke", wie sie sie nannten, zu beseitigen, waren die Dielen zwischen Schreibtisch und Fenster völlig verschlissen. Sir Isaac war ganz in Gedanken. Er rannte immer wieder zum Fenster, schien aber weder das herrliche Spätsommerwetter noch die wunderbaren Äpfel an den Bäumen zu bemerken. Seit Tagen war er keinen Millimeter weitergekommen. Es wollte ihm einfach keine Lösung einfallen, die ihm bei seinem Problem helfen konnte. Zugegeben, das war sicher auch schwer, denn ihr müsst wissen, Sir Isaac Newton war der berühmteste Wissenschaftler seiner Zeit und hatte schon viele wichtige Entdeckungen gemacht. Nur wusste das keiner, denn er wollte sein Buch erst veröffentlichen, wenn alle Probleme, die er sich vorgenommen hatte, auch wirklich von ihm höchst persönlich gelöst worden waren.

Sein momentanes Problem sah, wie so viele Probleme zuvor, recht einfach aus. Du hast etwas in der Hand, sagen wir einmal ein Schinkenbrot, und du lässt es los. Was geschieht? Genau, es fällt zu Boden. Aber warum? Warum fällt es nicht nach oben oder nach links oder rechts? Warum fällt es ausgerechnet nach unten? Oft hatte er schon gedacht, dass viele der Kinder, die manchmal in seinem Park spielten, vermutlich dieses Problem lösen könnten, nur ihm wollte es nicht gelingen. Er kehrte tief in Gedanken versunken zu seinem Schreibtisch zurück und las zum wahrscheinlich 30. Mal an diesem Tag seine Aufzeichnungen durch. Nichts! Rein gar nichts wollte ihm einfallen, nicht der kleinste Funke einer Idee!

Es klopfte an der Tür und herein kamen zwei Diener. Der eine schob einen kleinen Servierwagen, auf dem eine dampfende Teekanne, Gebäck, Gurkensandwiches, Schokoladenkuchen und Sahne bereitstanden. Der zweite Diener schleppte schwitzend einen riesigen Korb voller rotbackiger Äpfel aus Sir Isaacs Garten herein. Missmutig fragte Sir Isaac, was die Störung zu bedeuten habe, aber die Diener antworteten nur „Teatime, Sir!" und verschwanden auf leisen Sohlen. In diesem Moment schlug die große Turmuhr von Schloss Hackenthrow fünfmal und mit dem letzten Schlag polterte ein besonders dicker, rotbackiger Apfel aus dem Korb zu Boden.

„Mein Gott, das ist es", entfuhr es Sir Isaac, „wie konnte ich nur so blind sein!" Er riss die Türen auf und stürmte mit lautem Jubel durchs ganze Schloss, umarmte einen verdutzten Diener im Treppenhaus, klatschte in die Hände, rannte weiter in den Park, wo er sich nach einigen weiteren Luftsprüngen schnaufend und nach Atem ringend auf eine der vielen Bänke fallen ließ. Dann lachte er, dass es nur so über den See schallte, und das Echo schien in sein Lachen einzustimmen. Welch eine Idee, und das alles nur wegen des dicken, rotbackigen Apfels! Unfasslich! Der Apfel fiel zu Boden, als Sir Isaac mit seinen Gedanken gerade ganz weit draußen im Universum war, und da sah er plötzlich die Lösung vor sich: Die Erde schwebt als riesige Kugel im All und der rotbackige Apfel bewegte sich als winzige Kugel in Richtung Erde. Da war sie die Idee: Der Apfel fällt nicht herunter, er bewegt sich zur Erde hin, wird sozusagen von ihr angezogen, wie von einem Magneten. Und nicht nur das. Wenn also die

große Erde die kleinen Gegenstände anzieht, die wir so tagtäglich fallen lassen, dann ziehen größere Planeten und Sonnen die Erde an und ziehen sich gegenseitig an und ... und ... nicht auszudenken ... Überhaupt alle Körper im Universum üben eine Kraft auf ihre Umgebung aus. Und je massiger ein Körper ist, desto stärker ist seine Kraft! „Ich werde diese Kraft ‚Schwerkraft' nennen", sagte Sir Isaac Newton laut vor sich hin.

Halt, jetzt aber einmal ganz langsam, Kinder. Habt ihr vielleicht verstanden, was sich Sir Isaac da gerade in den Bart gemurmelt hat? Also, wenn ihr den Teddy aus dem Fenster werft, ich sagte „wenn!", dann schwebt er nicht etwa wie ein Gasballon davon, sondern fällt mit einem Bums auf die Straße, weil die Erde ihn anzieht mit ihrer unsichtbaren Schwerkraft. Die scheint so ähnlich zu sein, wie die Magnetkraft, denn die können wir ja auch nicht sehen. O. K., so weit, so gut. Jetzt wird's ganz schwierig, denn Sir Isaac sagt, dass die Sache noch weiter geht. Er behauptet, dass alle Körper sich anziehen, also der neue Roller zieht die Schubkarre an und die zieht die große Sandschippe an und ... Aber warum merken wir nix davon? Nun, weil die Anziehungskräfte all dieser Dinge ganz winzig sind gegenüber der Anziehungskraft der Erde. Wenn der neue Roller, die Schubkarre und die Sandschippe weit draußen im Weltall schweben würden, dann würden sie sich tatsächlich aufeinander zu bewegen, weil sie sich anziehen. Verglichen mit allen Dingen, die es auf der Erde gibt, ist die Masse unseres Planeten so gigantisch groß, dass alles ihrer Schwerkraft unterliegt und zu ihr hinfällt. Auch wir Menschen werden angezogen, und selbst wenn wir auf dem großen Sprungbrett im Schwimmbad abheben, können wir nicht einfach wegfliegen, sondern landen über kurz oder lang wieder auf der Erde, das heißt in diesem Fall hoffentlich im Schwimmbecken.

Ja und der Mond und die Sterne, Sir Isaac, was ist mit denen? Wenn sich alle Körper anziehen, dann müssen sie sich doch auch gegenseitig anziehen. Folglich stürzen kleinere Himmelskörper wie der Mond auf die Erde, oder? Da kann doch etwas nicht stimmen mit Ihrer Idee der Anziehung durch die Schwerkraft! Der Mond zieht seit 4,5 Milliarden Jahren seine Bahn um die Erde und ist noch kein einziges Mal auf uns draufgekracht, oder?

Wenn ihr jetzt glaubt, wir hätten Sir Isaac in Bedrängnis gebracht, dann kennt ihr den alten Fuchs aber schlecht. Der weiß natürlich ganz genau, worauf er sich da einlässt, wenn er so etwas behauptet. Der Mond stürzt tatsächlich in Richtung Erde, aber gleichzeitig zieht eine andere Kraft an ihm: die Fliehkraft, die ihn hinaus ins Universum ziehen will. Sie entsteht, wenn sich Körper wie der Mond im Kreis bewegen. Das könnt ihr prima im Kettenkarussell ausprobieren. Da spürt ihr richtig, wie ihr vom Mittelpunkt weggeschleudert werdet. Mit unserem Mond ist das genauso. Und gäbe es die Schwerkraft der Erde nicht, wäre er schon längst auf nimmer Wiedersehen ins Weltall abgehauen. Da die Schwerkraft aber auf ihn wirkt, bleibt er schön da, wo sich beide Kräfte, also Anziehungskraft der Erde und Fliehkraft, gegenseitig aufheben. Daraus ergibt sich eine ziemlich genaue Umlaufbahn um die Erde und deshalb bleibt der Mond an seinem Platz am Himmel und leuchtet brav in jeder klaren Nacht, ohne uns auf den Kopf zu fallen. Und aus eben diesem Grund kreist die Erde um die viel größere Sonne. Auch auf einer ziemlich klaren Bahn, die sich aus der Schwerkraft der Sonne und der Fliehkraft des Erdumlaufs ergibt. Da, wo beide Kräfte ausgeglichen sind, ist die Umlaufbahn der Erde zu finden. Da das nicht nur für die Sonnen und die Erde gilt, sondern für wirklich alle Himmelskörper, haben alle ihren Platz und ihre Bahn, und das ist auch gut so.

Professor Kleinstein geht in die Luft

Luft ist überall auf der Oberfläche unserer Erde, zum Glück, denn ohne Luft wäre für uns Menschen dieser Planet nicht bewohnbar. Mensch und Tier brauchen Luft zum Atmen und wir freuen uns über gute Luft, die besonders frisch ist, wohlriechend wie im Frühling oder die Schneeluft im Winter. Aber auch die Luft nach einem Sommergewitter ist etwas ganz Besonderes. Leider verschlechtert sich unsere Luft zunehmend, denn der steigende Autoverkehr, Heizungs- und Industrieabgase werden immer mehr zum Problem. Vielleicht liegt die Gedankenlosigkeit der Menschen in puncto Luftverschmutzung ja daran, dass die Luft unsichtbar ist und die meisten Verschmutzungen ebenso. Auch hier ist ein Blick ins Weltall, speziell in unser heimatliches Sonnensystem, vielleicht ganz heilsam. Die Luft nämlich, die wir so selbstverständlich einatmen, ist ziemlich einzigartig, wenn wir uns die Geschwister der Erde genau ansehen. Das eigentliche Wunder liegt schon in der Entstehungsgeschichte unseres Planeten: Er hat nämlich eine besonders günstige Größe erreicht. Wäre die Erde kleiner, könnte ihre Anziehungskraft eine Atmosphäre nicht halten und die Luft würde in den Weltraum entweichen. Zudem schützt uns die Atmosphäre vor den lebensfeindlichen Strahlungsanteilen der Sonnenstrahlung und hält außerdem die Temperatur relativ stabil. Auf Himmelskörper ohne Atmosphäre, wie z. B. dem Mond, schwanken die Tages- und Nachttemperaturen enorm, was die Entstehung höheren Lebens erschwert. Hinzu kommt, dass es zwar Planeten in unserem Sonnensystem gibt, die eine Atmosphäre haben, aber die besteht meistens aus Gasen wie Ammoniak oder CO_2, was wir nicht einatmen können. Ohne Schutzanzug und Sauerstoffflaschen würden wir sterben. Unsere Atmosphäre besteht zu 78 Prozent aus Stickstoff und zu 21 Prozent aus Sauerstoff. Der kleine Rest sind Edelgase, Wasserdampf und Kohlendioxid. Diese Mischung bekommt uns recht gut und gegen geringfügige Verschmutzung hat die Natur auch eine eigene Reinigungsmethode: Das Wetter! Winde, Regen und der Austausch von Luftmassen durch Erwärmung und Abkühlung sind sozusagen Werkzeuge zur Selbstreinigung der Luft (➜ S. 27, Prof. Kleinstein macht Wetter). Die verbrauchte Atemluft, die wir ausatmen wiederum, enthält einen höheren Anteil an Kohlendioxid, das die Grünpflanzen, besonders die Bäume, mit Hilfe von Sonnenlicht in Sauerstoff verwandeln. Fantastisch, nicht wahr? Ein nahezu perfektes System. Da dürfen wir durchaus begeistert sein, auch wenn unser Applaus ungefähr 4,6 Milliarden Jahre zu spät kommt.

Aber wo wir gerade von warmer und kalter Luft sprechen. Diese thermischen Unterschiede erlauben den Vögeln und den Segelflugzeugen den Gleitflug. Leonardo da Vinci war vielleicht nicht der erste Mensch, der den Vögeln fasziniert zusah und ihren Flug studiert hat, aber er träumte nicht nur davon selbst zu fliegen, wie schon die antiken Sagengestalten Ikarus und Dädalus, sondern er baute als erster Fluggeräte. Aber keine Angst, wir werden ganz bestimmt nicht selber in die Luft gehen, auch wenn es noch so reizvoll wäre, oder vielleicht doch?

Jede Menge Luft

Wir brauchen: 1 Flasche, viel frische Luft – und einen Turnraum, großen Gruppenraum oder geeigneten Platz im Außenbereich

Die Kinder suchen Prof. Kleinstein und finden ihn im Turnraum. Er steht mitten im Raum und atmet ein, indem er die Arme seitlich ausstreckt, hält kurz die Luft an, atmet wieder aus und führt dabei die Arme zurück zum Körper. Als er die Kinder bemerkt, winkt er ihnen zu.

Prof. Kleinstein: „Hallo Kinder, kommt ruhig her, ich mache gerade ein paar Atemübungen, das heißt, hihi, eigentlich sind das Experimente mit Luft! Ihr könnt gleich mitmachen, es ist ganz einfach. Stellt euch einfach zu mir und macht alles nach. Wir nehmen die Arme seitlich hoch und öffnen sie, während wir tief einatmen, als wollten wir einen Freund umarmen, und halten dann die Luft kurz an. Danach atmen wir die Luft wieder aus und nehmen dabei die Arme wieder an den Körper zurück. Und jetzt alle zusammen."

Spielleitung: „Puh, Professor, das ist aber anstrengend!"

Prof. Kleinstein: „Ja, nicht wahr, und dabei machen wir das viele hundert mal am Tag, ohne es richtig zu bemerken. Eigentlich bemerken wir die Luft nur, wenn wir uns darauf konzentrieren, wie jetzt, oder wenn sie nicht mehr gut ist, z. B., wenn viele Menschen in einem Raum längere Zeit geatmet haben, dann ist die Luft verbraucht und wir machen besser einmal ein Fenster auf. Wo ist denn eigentlich überall Luft, Kinder? Ist die nur draußen im Freien oder z. B. auch im Schrank oder unter dem Bett, in der Speisekammer, in der Schatztruhe genauso wie im Keller und im Geräteschuppen?" *Die Kinder zählen alles auf, wo Luft sein könnte. Alle Ideen werden gesammelt und von der Spielleitung aufgeschrieben.*

Prof. Kleinstein: „Scheint so, als könnten wir sagen, dass die Luft überall auf der Oberfläche von unserem Planeten ist. Aber halt, *(Prof. Kleinstein nimmt die Flasche in die Hand)* da haben wir schon die nächste Frage: Wie ist es denn mit Gefäßen wie dieser Flasche hier, ist da auch Luft drin oder etwa nicht? Sieht die vielleicht nur leer aus und in Wirklichkeit ist da doch Luft drin, aber wir können sie nicht sehen? Was meint ihr?" *Die Kinder überlegen und stellen Vermutungen an*

Alles leer oder was?

Wir brauchen: einige durchsichtige Salatschüsseln, Wasser, pro Kind 1 Glas

Jedes Kind nimmt sich ein Glas. Die Spielleitung füllt mehrere Salatschüsseln mit Wasser und die Kinder gruppieren sich zu zweit oder dritt um die Salatschüsseln.
Prof. Kleinstein: „Wir tauchen jetzt alle unser ‚leeres' Glas kopfüber in die Schüssel mit Wasser. Was seht ihr ?"
Lösung: Das Wasser läuft nicht in das Glas.

Prof. Kleinstein: „Wenn ich es aber auf die Seite kippe, blub blub, ist Wasser im Glas, aber wer hat da geblubbert?"
Lösung: Die Kinder kommen recht schnell darauf, dass es sich nicht um ein leeres Glas handelt, sondern dass darin Luft enthalten ist. Die Luft hat geblubbert, als sie herausströmte. Damit ist auch klar: Luft ist leichter als Wasser und steigt immer an die Oberfläche.

Prof. Kleinstein: „So, jetzt müsstet ihr alle Wasser im Glas haben. Wir drehen das Glas unter Wasser in der Schüssel so um, dass es mit der Öffnung zum Schüsselboden zeigt. Wenn ihr das Glas jetzt langsam anhebt, dann passiert etwas Erstaunliches – was meine ich wohl, Kinder?
Lösung: Das Wasser bleibt im Glas und wird mit angehoben.

Prof. Kleinstein: „Jetzt hebt doch einmal das Glas aus dem Wasser heraus, Kinder. Mal sehen, was dann passiert."
Lösung: Erst wenn das Glas aus dem Wasser herausgehoben wird, fließt das Wasser heraus.

Prof. Kleinstein: „Sehr interessant, Kinder, aber woher kommt das?" *Die Kinder stellen Vermutungen an, warum das Wasser sich erst anheben lässt und dann aber aus dem Glas läuft, sobald es über den Wasserspiegel gehoben wird.*
Lösung: Die Luft lastet auf uns allen und zwar eine Packung, die sich 1000 m und mehr über uns auftürmt. Die drückt auf die Wasseroberfläche mit einer höheren Kraft, als das Wasser in unserem Glas wiegt. Deshalb kann das Wasser nicht heraus. Erst wenn das Glas über die Oberfläche gehoben wird, kann Luft einströmen und das Wasser läuft heraus.
Prof. Kleinstein: „Also ist der Luftdruck auch so eine unsichtbare Kraft. Aber beim nächsten Experiment können wir wenigstens sehen, was diese Kraft bewirkt, und wir merken auch, dass sie ziemlich stark ist.

Der Druck der Luft

Wir brauchen: 1 großes Blatt Zeitungspapier, 1 Lineal

Das Lineal so auf den Tisch legen, dass es etwa 10 cm über die Kante ragt. Das Papier über den Teil des Lineals auf dem Tisch decken und gut andrücken.
Prof. Kleinstein: „Wetten, dass es keinem gelingt, das Blatt durch einen kräftigen Schlag auf das Lineal in die Luft zu schleudern?" *Die Kinder probieren alle aus, ob sie es schaffen.*
Lösung: Auf der relativ großen Oberfläche des Papiers, lastet so viel Luftdruck, dass eher das Lineal bricht, als dass das Blatt richtig angehoben werden kann.

Prof. Kleinstein: „Wenn ihr schon einmal euer Fahrrad aufgepumpt habt, dann kennt ihr den Luftdruck natürlich aus eigener Erfahrung. Denn je voller der Reifen wird, desto schwerer wird das Pumpen, als würde die Luft sich wehren, in den Reifen gedrückt zu werden. Wir wollen jetzt einmal sehen, wer von euch besonders gut Druck machen kann!

Luftdrückerwettbewerb

Wir brauchen: Einwegspritzen, Filzstifte, die auf Kunststoff schreiben

Jeweils zwei Kinder bilden ein Team. Die Kinder ziehen den Kolben der Spritze so heraus, dass die Spritze sich mit Luft füllt. Zur Überprüfung, ob wirklich Luft im Kolben ist, können sich die Kinder gegenseitig eine Luftspritze geben, indem sie sich durch schnelles Herunterdrücken des Kolbens die Luft vorsichtig in kurzem Abstand auf die Hautoberfläche schießen und so den Luftstrom spüren. Nach erneutem Füllen der Spritze mit Luft, markieren sie das untere Ende des Kolbens mit einem Strich auf der Spritze als Startlinie.

Prof. Kleinstein: „Jeweils ein Kind aus jedem Team nimmt die Spritze so in die Hand, dass es die kleine Öffnung der Spitze mit einem Finger verschließen kann, und drückt mit der anderen Hand den Kolben herunter. Das andere Kind markiert mit einem zweiten Strich den unteren Rand des Kolbens, damit wir sehen können, wie stark ihr die Luft zusammendrücken konntet! Alles klar, Kinder? Los geht's! – Oh, ihr seid aber stark, die Luft ist ja fast bis auf die Hälfte zusammengedrückt!"
Spielleitung: „Professor, mein Kolben ist sofort zurückgesprungen, als ich losgelassen habe. Habe ich da etwas fasch gemacht?"
Prof. Kleinstein: „Springt bei euch auch der Kolben zurück, Kinder? Woran mag das wohl liegen?"
Lösung: Durch den Druck der Muskelkraft kann man die Luft zwar zusammendrücken, aber sobald diese Kraft nachlässt, dehnt sie sich wieder aus und drückt ihrerseits den Kolben zurück.

Prof. Kleinstein: „Die Luft lässt sich also zusammendrücken, wenn wir Kraft auf sie ausüben. Sie nimmt dann, wie wir gesehen haben, weniger Platz ein. Wasser lässt sich hingegen nicht zusammendr ..."
Spielleitung: „Halt, halt, Professor, jetzt hättest du ja fast das Geheimnis des Tauchers verraten."

Geheimnis des Tauchers

Wir brauchen: 1 PET-Flasche, 1 Kuli- oder Filzstiftkappe mit Klemmhalter (möglich ist auch ein Streichholz oder Zahnstocher, der mit der Klebepistole an die Kappe geklebt wird), Knete (nicht wasserlöslich), Wasser; evtl. Taucherbrille, Schnorchel

Vorbereitung: Die Flasche bis zum Rand mit Wasser füllen. Eine Knetekugel von etwa 2 cm Durchmesser an den Klemmhalter der Kappe stecken und die Kappe mit der Kugel voran vorsichtig ins Wasser geben. Geht der Taucher sofort unter, muss der Ballast (Knete) verringert werden. Bleibt der Taucher oben, kann die Flasche zugeschraubt werden. Taucht der Taucher trotz starkem Druck auf die Flasche nicht ab, muss der Ballast vergrößert werden.

Prof. Kleinstein kommt mit Taucherbrille und Schnorchel zu den Kindern. Er hält eine Flasche in der Hand.

Spielleitung: „Ja Professor, was hast du denn vor? Willst du etwa tauchen gehen?"

Prof. Kleinstein: „Oh, das habe ich extra angezogen, damit die Kinder sich einen Taucher besser vorstellen können, denn ich habe in dieser Flasche hier einen geheimnisvollen Taucher mitgebracht. Schaut nur Kinder, in dieser Flasche schwimmt ein kleiner Taucher. Wenn ich hier draufdrücke, taucht er unter, und wenn ich loslasse, taucht er wieder auf. Ihr dürft euch gerne die Flasche aus der Nähe ansehen, nur umdrehen dürft ihr sie vorerst nicht."

Die Kinder schauen sich alle die Flasche genau an und probieren selber aus, wie der Taucher taucht.

Prof. Kleinstein: „Nun, habt ihr eine Idee, wie dieser Taucher tauchen kann und was wir mit dem Druck auf die Flasche tun? Wenn ihr noch einmal an unser Luftdrückerexperiment denkt, kommt ihr bestimmt schnell drauf!" *Alle Ideen der Kinder werden von der Spielleitung gesammelt, ggf. kombiniert und moderiert, bis eine tragfähige Hypothese gefunden ist, die dann notiert wird.*

Lösung: Die Luft in der Kappe reicht aus, um den Taucher oben zu halten. Der Druck auf die Flasche wird vom Wasser an die schwächere Luft weitergegeben. Der Auftrieb der zusammengedrückten Luft reicht aber nicht mehr aus, um den Taucher an der Oberfläche zu halten und so taucht er ab. Lässt der Druck nach, kann sich die Luft wieder ausdehnen und der Auftrieb lässt den Taucher auftauchen.

Wer drückt mehr, Wasser oder Luft?

Wir brauchen: pro Kind 1 Trinkglas oder Becher, 1 Kunststoffdeckel, der das Glas abdecken kann (von großen Joghurtbechern, Margarinebechern o. Ä.)
Vorbereitung: Alle Gläser mit Wasser füllen.

Prof. Kleinstein: „Wenn ich es recht bedenke, sind wir schon einer Menge Eigenschaften unserer Luft auf die Spur gekommen. Vieles davon bemerken wir normalerweise gar nicht, wie den Druck, den die Luft auf uns ausübt. Wir sind daran gewöhnt und leben ganz selbstverständlich damit. Im folgenden Experiment wollen wir einmal sehen, wer mehr drückt, unsere Luft oder die Wassermenge, die in ein Trinkglas passt. Ich bin ja so gespannt, ob wir das schaffen. Wir nehmen bitte alle das Glas in die Hand, als wollten wir trinken, legen den Deckel oben drauf und drücken ihn mit der freien Hand leicht an und lassen die Hand schön auf dem Deckel liegen. Oh, Kinder, jetzt wird es spannend: Wir drehen alle mit Schwung Glas samt Deckel um, so dass der Deckel sich unter dem Glas befindet. Und jetzt brauchen wir allen Forschermut: Nehmt bitte alle die Hand unter dem Deckel weg und schaut, was passiert!
Lösung: Der Deckel haftet am Glas, weil die Luft mit einer größeren Kraft von außen auf den Deckel drückt, als das Gewicht des Wassers von innen.

Spielleitung: „Professor, das grenzt ja an Zauberei!"
Prof. Kleinstein: „Aber nein, mit Zauberei hat das natürlich nichts zu tun. Dieser Versuch zeigt nur sehr eindrucksvoll, wie sich Luftdruck auswirkt. Aber ehrlich gesagt, ist das erst der Anfang einer Reihe ganz erstaunlicher Fähigkeiten der Luft, denn wenn wir sie erwärmen, läuft sie sozusagen zu Hochformen auf."

Warmluftdetektive

Wir brauchen: kleine Brettchen (Material egal) mind. 30 × 25 cm (gibt es bei manchen Baumärkten im Abfallkorb der Holzzuschnittabteilung für 0–1 €), viele Bleistifte, Papier DIN A4, Lineal, dünner Faden, Scheren, 1 Bohrer in Bleistiftstärke, 1 Bohrschrauber, 1 Heißklebepistole, eine oder mehrere Wärmequellen (z. B. einen Heizkörper)
Vorbereitung: Einige Spiralmalbretter bauen, etwa ein Brett für 2–3 Kinder. Mit dem Lineal auf den Brettern von Ecke zu Ecke diagonal Striche ziehen. Der Schnittpunkt der Striche ist Mittelpunkt des Brettes. Hier ein Loch in Bleistiftstärke bohren.

Prof. Kleinstein: „Heute sind alle Kinder Warmluftdetektive. Aber bevor wir losgehen, um Warmluft zu finden, müssen wir uns noch das wichtigste Handwerkszeug der Warmluftdetektive bauen: die Warmluftspürspirale. Ihr könnt gleich mitmachen, Kinder, es ist ganz einfach. Wir legen ein Blatt Papier mittig auf unser Spiralmalbrett und bohren einen Bleistift durch das Papier, dort wo das Loch im Brett zu fühlen ist. An dem Bleistift binden wir in der Mitte ein Stück Faden schön fest, damit er nicht durchrutscht kann *(evtl. mit etwas Heißkleber sichern!)*. Am andere Ende des Fadens machen wir eine Schlaufe. Hier stecken wir einen zweiten Bleistift hinein. Jetzt könnt ihr losmalen. Die Schnur immer gespannt halten, dann wird die Spirale besonders schön, weil sich beim Umkreisen des Stiftes im Zentrum der Faden gleichmäßig aufwickelt. Dadurch wird er immer kürzer und der Bleistift beschreibt eine Spiralform hin zum Mittelpunkt. Jedes Kind malt eine Spirale. Die Spielleitung verteilt die Scheren und die Kinder schneiden auf dem Strich entlang die Spirale aus.
Prof. Kleinstein: „Das Loch im Mittelpunkt ist prima, daran befestigen wir jetzt eine Schnur, und schon könnt ihr auf Warmluftsuche gehen. Ihr braucht die Spirale nur dort hin zu halten, wo ihr warme Luft vermutet, und die Spirale zeigt deutlich, ob Warmluft vorhanden ist. Aber halt, wie macht sie das wohl?“
Lösung: Die Spirale dreht sich, wenn Warmluft hindurchströmt!

Prof. Kleinstein: „Durch ihre Drehung zeigt die Spirale also an, dass ihr Warmluft gefunden habt. Aber nicht nur das, sie zeigt auch, dass die Warmluft etwas tut, oder denkt ihr, sie steht einfach so herum?“ *Die Kinder probieren ihre Spiralen aus und stellen Vermutungen an.*

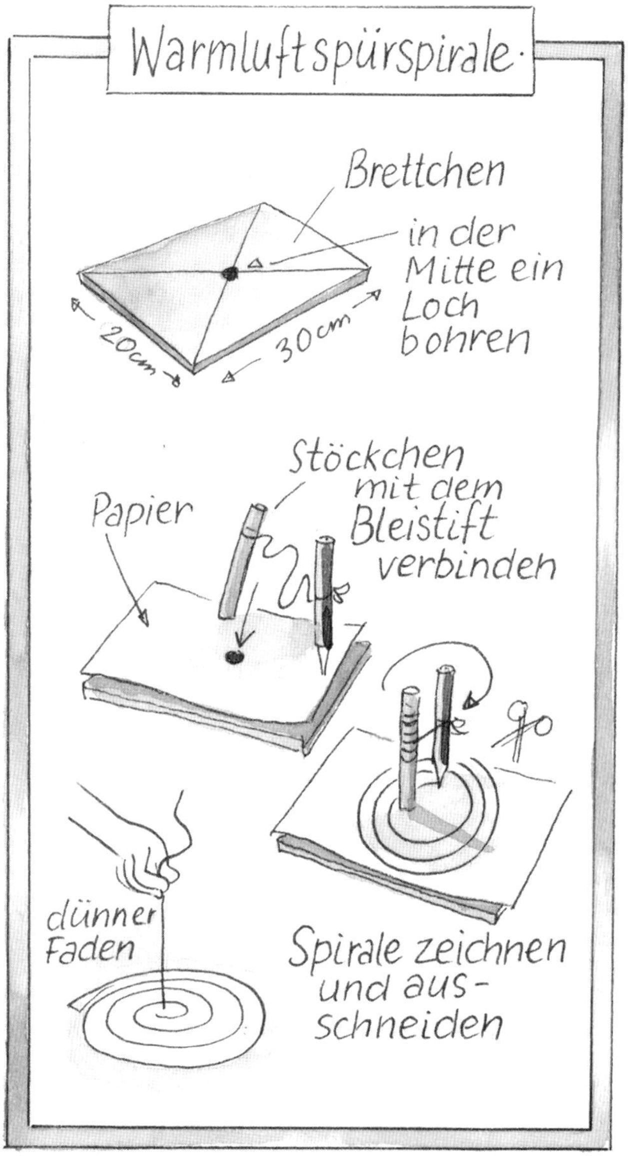

Lösung: Warmluft steigt auf, weil sie leichter ist als Kaltluft. Ein Teil der Warmluft verfängt sich in den Windungen der Spirale und gleitet an ihnen entlang. Deshalb dreht sich die Spirale (➜ S. 27, Prof. Kleinstein macht Wetter, und S. 28, Atomspiel)!

Prof. Kleinstein: „Die Entdeckung, dass Warmluft aufsteigen kann und zwar in ziemlich große Höhen, brachte die Brüder Mongolfier auf eine tolle Idee: Sie suchten nach einer Möglichkeit warme Luft einzufangen und bauten dazu eine Hülle oder vielleicht eher eine große Tüte aus Papier. Wenn in der Tüte genug Warmluft eingefangen wäre, dachten sie, würde sie aufsteigen. So erfanden sie den ersten Heißluftballon. Toll, nicht wahr?"

Eine Tüte voll warmer Luft

Wir brauchen: pro Kind 1 ganz dünne, schwarze Mülltüte, etwa 5 m Schnur pro Tüte als Leine, Scheren, 1 Zollstock! Dazu so viel Sonne wie möglich!!

Professor Kleinstein sitzt mit etlichen schwarzen Tüten um sich verteilt im Garten in der Sonne und ist völlig in ein Schnurknäuel verwickelt, als die Kinder ankommen.

Prof. Kleinstein: „Wie gut, dass ihr vorbeikommt, Kinder. Dieser verflixte Faden will mich nicht mehr loslassen!" *Er zerrt an der Schnur, als müsse er mit ihr kämpfen.*

Prof. Kleinstein: „So helft mir doch bitte hier raus!"

Spielleitung: „Professor, Professor, was du nur immer für Sachen machst. Na komm, die Kinder werden das schon hinkriegen." *Die Kinder wickeln vorsichtig die Schnur zu einem ordentlichen Knäuel und befreien den Professor.*

Prof. Kleinstein: „Vielen Dank auch. Ich kam mir vor, wie von Indianern gefesselt. Eigentlich könnten wir gleich für jeden etwas von der Schnur abschneiden, denn die brauchen wir später für die Tüten. Nehmt euch doch bitte jeder eine von den Tüten, die hier herumliegen, Kinder, und blast sie auf wie einen Luftballon. Mit der Schnur werden wir die Tüten dann zubinden." *Jedes Kind bläst eine Tüte auf, so gut es kann. Die Spielleitung hilft dabei. Vorsicht: Nicht zu prall aufblasen! Die etwa 5 m lange Schnur am einen Ende benutzen, um die Tüte fest zuzubinden.*

Prof. Kleinstein: „Ja, genau so habe ich mir das vorgestellt. Sehr schön habt ihr das gemacht, Kinder! Und nun müssen wir das freie Ende jeder Schnur an einem Baum oder Zaun festbinden."

Spielleitung: „He, Professor, du willst doch nicht etwa die ganzen Tüten im Garten herumliegen lassen, was wird denn jetzt damit?"

Prof. Kleinstein: „Das wird sich gleich zeigen, wenn die Sonne weiter so schön scheint!"

Lösung: Die Sonne erwärmt die Luft in den Tüten in 10 bis 15 Minuten. Dann steigen die Tüten auf wie Heißluftballone.

Prof. Kleinstein: „Oh, die ersten Tüten sind bereits am Start. Schaut nur, sie heben ab. Die Brüder Mongolfier wären stolz auf euch, Kinder. Aber fällt euch etwas auf? Ich glaube, die Tüten haben sich verändert.
Lösung: Die Tüten sind jetzt prall gefüllt.

Spielleitung: „Ich kann mir richtig vorstellen, wie begeistert die Menschen damals waren, als der erste Heißluftballon abhob. Aber Prof. Kleinstein, wie kommt das denn nun, dass unsere Tüten plötzlich fliegen können?"
Prof. Kleinstein: „Das ist eine interessante Frage. Wie wir beobachtet haben, sind sie deutlich dicker geworden, als hätte jemand mehr Luft eingefüllt. Aber das kann nicht sein, denn wir haben sie ja zugebunden und beobachtet. Also, was ist wohl da passiert – die Sonne hat ja auch noch mitgespielt – was denkt ihr Kinder, könnt ihr das Tütenrätsel lösen?" *Die Kinder bringen alle Ideen ein, die Spielleitung moderiert die Überlegungen und versucht dadurch, die Kinder auf die richtige Spur zu locken.*
Lösung: Schwarze Gegenstände erwärmen sich schneller als solche in hellen Farben, daher wird auch die schwarze Folie sehr schnell durch die Sonne aufgeheizt und gibt die Wärme an die Luft im Inneren ab. Die eingeschlossene Luft erwärmt sich und dehnt sich dabei aus. Dadurch wird sie leichter als die weniger erwärmte Außenluft und lässt die Tüte, oder nennen wir sie jetzt besser Solarluftschiff, in die Höhe steigen.

Spielleitung: „Das ist aber ziemlich knifflig, Professor!"
Prof. Kleinstein: „Zugegeben, das ist schon eine klassische ‚Denk-Kopfnuss'. Aber, damit wir besser verstehen können, was da in der Tüte passiert, sollten wir ein weiteres Experiment machen."

Platz da, hier kommt warme Luft

Wir brauchen: pro Kind 1 PET-Flasche, 1 Luftballon, 1 Schüssel mit warmem Wasser
Vorbereitung: Die Flaschen eine halbe Stunde vor dem Versuch in das Frostfach des Kühlschranks oder in die Tiefkühltruhe legen.

Die Spielleitung verteilt die Luftballons, Flaschen und Schüsseln.
Prof. Kleinstein: „Um herauszufinden, wie Luft sich verhält, wenn sie erwärmt wird, habt ihr alle eine gekühlte Flasche bekommen. Natürlich ist die Luft darin auch ganz kalt. Stülpt bitte die Öffnung eures Luftballons über den Flaschenhals und stellt die Flasche in die Schüssel mit heißem Wasser. Schaut genau hin, was jetzt passiert!" *Die Spielleitung sammelt alle Beobachtungen und moderiert die Erklärungsversuche der Kinder.*
Lösung: Beim Erwärmen dehnt sich die Luft aus, weil die Moleküle viel mehr in Bewegung sind als bei kalter Luft und daher der Gasdruck steigt. Die Luft braucht mehr Platz und nutzt dafür nicht nur die Flasche, sondern darüber hinaus auch den Raum außerhalb der Flasche. Sie strömt also auch in den Ballon. Weil ein Ballon leicht auszudehnen ist, entspricht seine Größe ziemlich genau dem größeren Platzbedarf der erwärmten Flaschenluft.

Prof. Kleinstein: „Hier können wir prima sehen, wie viel mehr Platz die Luft durch die Erwärmung benötigt, der vorher der Raum der Flasche genügt hat. Unseren schwarzen Tüten ist es genauso ergangen. Sie sind ja auch voller geworden, bevor sie aufgestiegen sind."
Spielleitung: „Aber wie fliegen denn die Vögel, na und erst einmal die riesigen Flugzeuge? Die sind doch nicht mit Luft gefüllt, die von der Sonne aufgeheizt wird?"
Prof. Kleinstein: „Das ist ein neues Geheimnis und auch eine weitere Eigenschaft unserer Luft. Aber lasst uns eine Nuss nach der anderen knacken!"

Schnelle Luft – langsame Luft

Wir brauchen: DIN A4-Papier, Schere

Die Spielleitung halbiert die DIN A4-Blätter der Länge nach und gibt jedem Kind eine Hälfte.

Prof. Kleinstein: „Bestimmt habt ihr schon einmal gesehen, wie die Vögel fliegen. Vielleicht habt ihr sogar einmal Möwen am Meer beobachtet, wie sie geschickt den Wind nutzen. Mit dem einfachen Papierstreifen, den ihr bekommen habt, können wir das Geheimnis ihres Fluges ergründen. Legt doch bitte die schmale Seite des Papierstreifens direkt unter der Unterlippe an den Mund und haltet den Streifen mit beiden Händen links und rechts fest. Blast kräftig über den Streifen – ihr seht sofort was passiert!"

Lösung: Der Streifen, der erst herunterhing, hebt sich in die Waagerechte. Die schnelle Luft, die über den Papierstreifen strömt, übt weniger Druck aus, als die langsamere oder unbewegte Luft unter dem Streifen. Der Druck von unten ist also stärker und das Papier wird bis in die Waagerechte angehoben!

Prof. Kleinstein: „Es kommt bei Flugzeugen und Vögeln also darauf an, dass ihre Tragflächen oder Flügel so geformt sind, dass die Luft obendrauf schneller strömen kann, als untendrunter. Der Druck der langsameren Luft unter dem Flügel ist stärker und es entsteht ein Auftrieb. Ihr habt es ja deutlich gesehen: Je fester ihr pustet, desto schneller wird die Luft und desto weiter wird der Papierstreifen nach oben gedrückt." (➜ S. 10, Professor Kleinstein und das Geheimnis des Wassers, und S. 16, Archimedes)

Spielleitung: „Soll das etwa heißen, wenn wir die richtigen Flügel hätten, könnten wir auch abheben?"

Prof. Kleinstein: „Ganz so einfach, wie sich das anhört, ist es natürlich nicht. Denn um unser Körpergewicht in die Luft zu heben, braucht es schon ziemlich große Flügel und auch ziemlich schnelle Luft. Aber, ja, wenn wir einen schnellen Luftstrom finden könnten, am Meer vielleicht oder auf den Bergen ... eine fantastische Überlegung, die mich an eine Geschichte erinnert, denn dieser Gedanke ist schon ziemlich alt. Lange bevor die Brüder Mongolfier ihre Heißluftexperimente machten, hatte Leonardo aus dem kleinen Ort Vinci in Italien einen Traum ..."

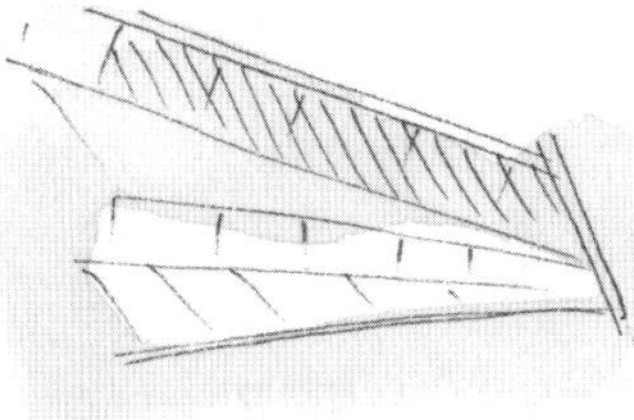

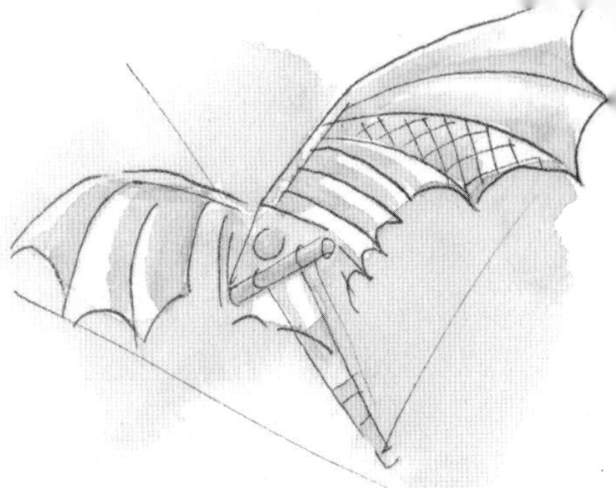

Leonardos Traum

Als unsere Geschichte beginnt, war Leonardo da Vinci schon ein berühmter Künstler. Er hatte seit vielen Jahren die Tauben von Florenz studiert und sie in allen erdenklichen Posen gezeichnet: Beim Start in den blauen, toskanischen Himmel, bei der Landung mit erhobenen Flügeln bremsend und selbst beim Schweben, wenn sie nach einem Sitzplatz suchend den Campanile, den höchsten Turm der Stadt, umkreisten. Viele hundert Skizzen hatte er in einer Mappe gesammelt und hätte wirklich behaupten können, dass er diese Vögel und ihre Art zu fliegen sehr gut kannte. Nichts war seinem Künstlerblick entgangen, jede Flügelstellung hatte er sich eingeprägt, auch die kleinste Bewegung hatte er mit Papier und Feder festgehalten. Immer und immer wieder hatte er Tauben gezeichnet und gemalt. Und dann erwachte er eines Morgens schweißgebadet aus einem irren Traum: Er war geflogen. Tatsächlich. Er, Leonardo, hatte sich im Traum in die Lüfte geschwungen, hatte es den Tauben gleichgetan und sich mit ausgebreiteten Flügeln vom Campanile gestürzt und war geflogen! Er hatte es genossen, dieses unglaubliche Gefühl des Schwebens zwischen Himmel und Erde, als wäre er ohne Gewicht, die Luft, die an seinen Ohren vorbeirauschte und dieser unbändige Wunsch, sich immer höher und höher zu schrauben. Schon waren die Menschen unter ihm klein geworden wie Fliegen und dann, ja verflixt, dann war er aufgewacht. Rasch griff er nach Papier und Feder und zeichnete eilig mehrere Blätter, die ihn mit Flügeln zeigten, wie er Anlauf nimmt, wie er abhebt und wie er sich in Kreisen immer höher in den Himmel schraubt. Selbst die Strömung der Luft hielt er in seinen Zeichnungen fest. Er hatte noch nicht gefrühstückt, aber obwohl er großen Hunger verspürte, konnte er nicht aufhören. Zeichnung um Zeichnung entstand unter seinen geschickten Händen. Er würde sich Flügel bauen, schoss es ihm durch den Kopf. Natürlich, dass er darauf nicht schon früher gekommen war, groß mussten sie sein und leicht. Er wollte sie anziehen können wie ein Hemd, aber sie sollten fest am Körper sitzen und doch beweglich genug sein, damit er es den Vögeln gleichtun konnte. Leonardo legte die Feder aus der Hand, ging zum Fenster und stieß die Läden auf. Die gleißende Sonne blendete ihn und der Lärm des Platzes erfüllte augenblicklich den Raum. Natürlich, heute war Markttag. Lautstark priesen die Händler ihre Waren an und versuchten sich dabei gegenseitig zu übertreffen. Als sich seine Augen an das grelle Sonnenlicht gewöhnt hatten, fiel sein Blick auf einen Geflügelhändler, der in einem geflochtenen Korb junge Tauben gefangen hatte und die Tiere den vorbeieilenden Mägden und Hausfrauen anpries. Da kam ihm die Idee: Er würde dem Kerl eine Taube abkaufen, sie aber weder rupfen noch braten, sondern ihre Flügel ganz genau in allen Einzelheiten studieren. Dann würde er das Geheimnis ihres Flugvermögens entschlüsseln und seine eigenen Flügel nach ihrem Vorbild konstruieren. So musste es funktionieren, der Plan war genial. Sogleich rief er nach der Magd. Noch heute wollte er mit den Vorbereitungen beginnen. Und bald würden ihn seine eigenen Flügel in den Himmel tragen …

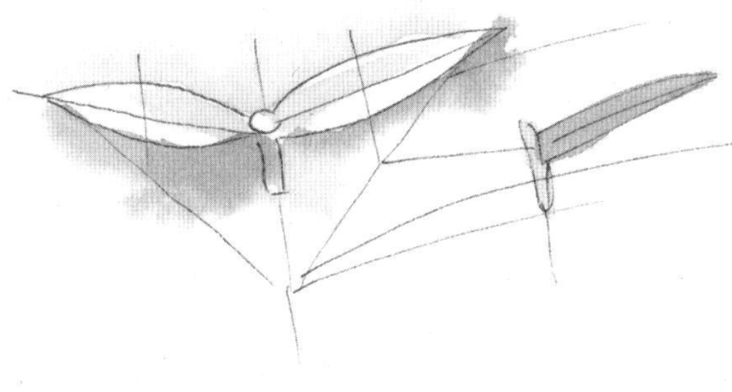

Papiergleiter

Wir brauchen: DIN A4-Papier, zerknülltes Papier, deformierte Papierflieger, Lineal

Prof. Kleinstein ist umgeben von zerknülltem Papier, deformierten Papierfliegern und ganz in das Falten eines neuen Papierfliegers vertieft, als die Kinder den Raum betreten.

Spielleitung: „Pst, Professor, ich hoffe wir stören nicht, wir wollten nur ..."

Prof. Kleinstein: „Ha, jetzt habe ich mich aber erschreckt! Aber eigentlich kommt ihr genau richtig, Kinder. Ich versuche nämlich schon seit Stunden einen richtig tollen Flieger zu falten, aber wie ihr seht, ist es mir nach vielen Fehlversuchen leider immer noch nicht gelungen. Nehmt euch doch bitte jeder ein Blatt Papier und macht mit, vielleicht schafft ihr das ja viel besser als ich. Erst das Blatt längst halbieren, und wieder auffalten. Nun die rechte und die linke Ecke jeweils zur Mittelinie knicken und die Kanten sauber nachstreichen. Die so entstandenen schrägen Seiten noch einmal zur Mittellinie falten. Entlang der Mittellinie wieder zusammenfalten. Zum Schluss einen geraden Steg falten. Den Steg machen wir etwa 1,5 cm hoch, das können wir mit dem Lineal messen. Ebenso hoch werden auch die Flossen an den Enden der Flügel. Und nicht vergessen: Einen kleinen Zwickel am Heck anbringen."

Spielleitung: „Schau einmal, Professor, die Kinder haben schon ganz tolle Papierflieger, nur meiner sieht aus wie ein kranker Adler ...!"

Prof. Kleinstein: „Aber, aber, der sieht doch schon ganz prima aus. Wir sollten einfach noch etwas üben, dann klappt es auch bestimmt mit dem Wettflug. Übrigens hat Leonardo, von dem gerade in der Geschichte die Rede war, sich tatsächlich wenig später als erster Mensch Flügel gebaut. Aber er hat sich dann wohl doch nie getraut, sie zu benutzen und das war vielleicht auch besser so. Wie knifflig es ist, selbst ein einfaches Blatt Papier zum Fliegen zu bringen, habt ihr ja gerade selbst ausprobiert."

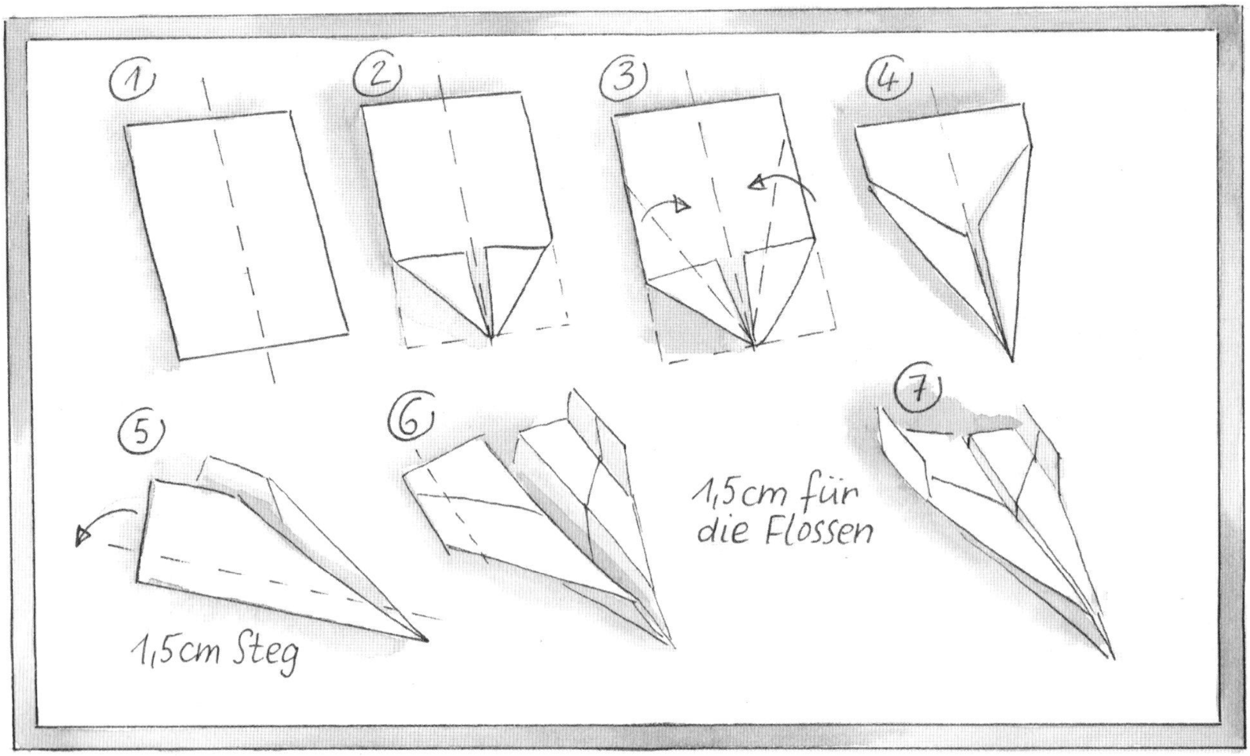

Wilde Papierfliegerpiloten

Wir brauchen: Start- und Zielmarkierung, langes Bandmaß oder Zollstock

Prof. Kleinstein: „Seid ihr auch so gespannt, Kinder, ob euer Flieger gewinnt? Bevor wir an den Start gehen, sollten wir aber noch etwas üben, um die beste Flugbahn auszutüfteln. Wie muss ich meinen Flieger wohl werfen, damit er sehr weit fliegt? Wie schaffe ich einen Looping und worauf muss ich beim Start achten?" *Die Kinder probieren ihre Flieger aus und testen verschiedene Flugbahnen: steiler Anwurf, Start von der zweiten Ebene oder vom Tisch, auch der Start vom Fensterbrett aus über die Heizung hinweg ist interessant, weil vielleicht der Auftrieb der Warmluft genutzt werden kann.*
Spielleitung: „Also mein Flieger gleitet jetzt schon ganz passabel, aber so richtig schnell ist der nicht gerade."
Prof. Kleinstein: „Wenn wir richtig schnelle Fluggeräte bauen wollen, brauchen wir einen Raketenantrieb!"

Tipp

Bei gutem Flugwetter (kein Wind) ist die Aktion auch im Außenbereich möglich. Bei schlechtem Wetter im Gruppenraum, wobei auch prima von einer erhöhten Position, z.B. einer Empore oder Bühne, gestartet werden kann.

Rakete im Zimmer

Wir brauchen: für Teams von 3–4 Kindern
1 Luftballon, 1 Trinkhalm, 1 möglichst glatte Schnur (10 m lang), Klebeband
Vorbereitung: Die Ballons an die Teams verteilen und so prall wie möglich aufblasen. Wenn keine Luft mehr hineingeht, hält ein Kind das Ende des Ballons zu, damit die Luft nicht zu früh entweicht. Zwei weitere Kinder des Teams halten jeweils Anfang und Ende der Schnur. Sie sind auch dafür verantwortlich, dass die Schnur stets gespannt ist. Sie fädeln die Trinkhalme auf ein Ende der Schnur auf. Dieses Ende der Schnur ist auch der „Start". Zum Schluss befestigen sie den Ballon mit zwei Klebestreifen am Trinkhalm und lassen erst beim Startkommando los.

Prof. Kleinstein: „Sind alle Teams fertig? Dann bitte ich um Ruhe für den Start: 10, 9, 8, 7, 6, 5, 4, 3, 2, 1 … los!" *Die Kinder lassen die Ballons los. Die Ballons rasen los, bis ihnen die Luft ausgeht.*
Spielleitung: „Das ist ja unglaublich, die sind ja wirklich raketenschnell!"
Prof. Kleinstein: „Ja, nicht wahr? Und ich frage mich gerade, Kinder, ob ihr eine Idee habt, wie die Ballons das machen?" *Die Spielleitung moderiert die Ideen der Kinder.*
Lösung: Die ausströmende Luft schiebt den Ballon an, da sie wie ein Rückstoßantrieb wirkt.

Prof. Kleinstein: „Ist das nicht erstaunlich? Die schnellen Düsenjets und die Raketen, mit denen unsere Astronauten ins Weltall geschossen werden, funktionieren nach dem gleichen Prinzip wie unsere Zimmerrakete."

Tipp

Natürlich kann der Wettflug auch im Freien stattfinden. Je nach Größe der Luftballons – und Länge der Schnur – kann die Flugstrecke auch mehr als 10 m betragen.

Professor Kleinstein versetzt Berge

Am Anfang des Buches haben wir diesen seltsamen Philosophen in der Badewanne kennen gelernt, Archimedes war sein Name (➜ S. 16). Nun kommt er noch einmal zu Wort mit einem ebenso berühmten wie auch merkwürdigen Satz, den er vor vielen hundert Jahren gesagt haben soll: „Zeig mir einen Punkt und ich hebe die Welt aus den Angeln." Hm, wie er das wohl gemeint hat?

Nun, Archimedes hat viele Reisen unternommen, z. B. ins ferne Ägypten, das für die damals bekannte Welt das Land der großen Gelehrten war, und von dort hat er viel neues Wissen mitgebracht. Die Ägypter wussten schon wirklich Erstaunliches über die Natur und vor allem beim Bau der Pyramiden hatten sie wahre Wunder vollbracht. Denken wir nur an die riesigen Steinblöcke, die über weite Strecken transportiert werden mussten – und das ohne Lkw und Eisenbahn – tja, das war ganz schön aufwendig. Aber die Baumeister waren sehr klug und haben sich vor Baubeginn alles sehr genau überlegt, z. B. wie man die Steine zur Baustelle bekommt. Die konnten ja nicht einfach im Steinbruch anrufen und sagen: „Schickt einmal hundert Steine" und am nächsten Tag kommt ein Lkw und bringt alles vorbei. Nein, nein, daran war noch gar nicht zu denken. Aber die Baumeister waren so erfinderisch, dass sie ganz nebenbei auch noch ein paar Erleichterungen für das tägliche Leben erfunden haben: z. B. das Rad oder jedenfalls die Rolle, die der Vorgänger des Rades war. Archimedes selbst hat auch sehr viel über Erleichterungen für das tägliche Leben der damaligen Menschen nachgedacht und gilt als Erfinder des Hebels. Das ist ein langer Holzbalken, der richtig angewendet, wahnsinnig schwere Gegenstände ohne viel Kraftaufwand heben kann. Und genau auf dieses Gerät bezieht sich der Satz von Archimedes. Er war von dieser Idee so fasziniert, dass er sich vorstellte, sogar die Weltkugel heben zu können, wenn er nur den richtigen Punkt im Universum finden würde, um seinen Hebel anzusetzen.

Oje, das hört sich zunächst ziemlich schwierig an, doch viele Kinder probieren es täglich auf dem Spielplatz aus, nämlich, wenn sie versuchen mit einem schwereren und größeren Kind auf der Wippe ins Gleichgewicht zu kommen. Aber nicht nur das, in den folgenden Experimenten geht es auch um die Hebelwirkung, die Archimedes entdeckt hat und wie sie sinnvoll Anwendung findet. Wir stellen den Flaschenzug vor und testen seine Leistung bei der Arbeitserleichterung und lernen einige andere erstaunliche Entdeckungen kennen, die ganz in Ruhe ausprobiert werden wollen.

Das Experiment mit der Wippe

Wir brauchen: Spielplatz mit Wippe, mehrere unterschiedlich schwere Kinder

Prof. Kleinstein bittet zwei offensichtlich unterschiedlich schwere Kinder gegenüber auf der Wippe Platz zu nehmen.

Prof. Kleinstein: „Ihr habt ja von Archimedes und seiner Entdeckung der Hebelwirkung gehört. Wir wollen mal probieren, wie das funktioniert. Wie kriegen wir z. B. die zwei jetzt ins Gleichgewicht, oder noch besser, was müssen wir tun, damit das leichtere Kind das schwerere hochheben kann?" *Die Kinder stellen Vermutungen an, die die Spielleitung moderiert, und probieren alle Ideen aus.*

Lösung: Das leichtere Kind muss auf einem längeren Arm der Wippe sitzen, um mit dem schwereren Kind ins Gleichgewicht zu kommen. Da wir aber den Hebel der Wippe nicht verlängern können, muss das schwerere Kind seinen Hebel verkürzen und etwas zur Mitte rücken.

Hebelversuch

Wir brauchen: mehrere Kalksand- oder Ziegelsteine, Balken oder Kantholz (2–3 m lang), ein kleineres Stück Kantholz (40 cm lang)

Die Spielleitung baut den Versuch gemeinsam mit dem Professor und den Kindern auf: Das lange Kantholz flach auf den Boden legen, das kleine Stück mittig darunter legen, so dass sie ein Kreuz bilden. Die Kinder stapeln die Steine auf eine Seite des Balkens.

Prof. Kleinstein: „Oh je Kinder, jetzt habt ihr aber einen riesigen Berg Steine aufgeladen. Da müsst ihr euch mächtig anstrengen." *Die Kinder versuchen die Steine hoch zu hebeln, doch selbst wenn sie es schaffen, ist es ziemlich mühsam.*

Prof. Kleinstein: „Wer von euch weiß, wie wir uns die Arbeit erleichtern können? Erinnert euch an die Wippe, da habt ihr es doch auch geschafft. *Alle Ideen werden ausprobiert!*

Lösung: Wird das kurze Holz zum Gewicht hin verschoben, wird der „Kraftarm" länger und die Steine lassen sich deutlich leichter heben.

Tipp

Es ist wichtig die Verbindung zu dem Versuch mit der Wippe herzustellen.

Die störrische Lackdose

Wir brauchen: einige alte Lackdosen, einige möglichst kurze und kräftige Schraubenzieher, einige lange und kräftige Schraubenzieher

Prof. Kleinstein: „Könnt ihr mir wohl mit der störrischen Lackdose helfen? Die stand mit vielen anderen Dosen in meinem Schuppen. Wenn wir die öffnen könnten, könnte ich endlich meinen Zaun streichen. Ich habe diese alten Lackdose ganz schön fest zu gemacht, damit keine Luft an die Farbe kommt, sonst trocknet der Lack und ist nicht mehr zu gebrauchen, so wie der Lack hier oben am Rand. Der klebt jetzt zusätzlich noch die Dose zu. Also ich glaube, das wird ein schönes Stück Arbeit, die Dose zu öffnen. Wer hat eine Idee, wie wir uns diese Arbeit erleichtern können? Ich habe hier ein paar Schraubenzieher. Ob wir damit wohl etwas erreichen?“ *Die Spielleitung überlegt mit den Kindern und dem Professor gemeinsam, wie die Schraubenzieher zum Einsatz gebracht werden können. Schließlich werden die Kinder aufgefordert, sich zu entscheiden, mit welchem Schraubenzieher der Deckel leichter zu öffnen ist. Die Kinder dürfen jeweils eine Dose öffnen, indem sie die Schraubenzieher am Ende anfassen, die Klinge zwischen Deckel und Dose stecken und die Dose aufhebeln. Bei der zweiten Runde werden die Dosen wieder verschlossen und die Schraubenzieher getauscht.*

Lösung: Die Kinder stellen fest, dass es mit dem langen Schraubenzieher viel leichter ist, die Dose zu öffnen.

Spielleitung: „Das war ja toll. Jetzt verstehe ich auch, wie Archimedes das gemeint hat mit dem Hebelpunkt.“

Prof. Kleinstein: „Aber wie ist das denn jetzt, wenn ich etwas Schweres ganz weit hochheben will, sagen wir einmal bis in den 5. Stock? Da gibt es doch bestimmt auch eine Lösung.“

Viel Seil – wenig Kraft: der Flaschenzug

Wir brauchen: 1 langes Seil (Ø 8 mm), 1 passende Rolle mit Schraubhaken, 1 Eimer, schwere Bauklötze oder 3–4 Steine, 1 Zugfederwaage (erhältlich im Baumarkt), selbst gebauter Flaschenzug: 4 Dachlattenstücke (je 15 cm lang), 4 Dachlattenstücke (je 3 cm lang), 2 Felgen von Spielzeugautos (Ø max. 6–8 cm), 1 Schraubhaken, 2 Schraubösen, 4 × 40 Spaxschrauben, 2 Maschinenschrauben (10 cm lang, ihr Durchmesser richtet sich nach dem Achsdurchmesser der Felgen, es gibt aber auch entsprechende Rollen im Baumarkt), 1 Bohrer 3,5 mm, 1 Bohrer im Durchmesser der Maschinenschrauben (8 mm)

Vorbereitung

- Aus den Dachlatten kleine Rahmen bauen, indem die 3-cm-Stücke zwischen die 15-cm-Stücke gesetzt werden.
- Wenn alles im Winkel ist, vorbohren und mit Spaxschrauben verschrauben.
- Im Durchmesser der Maschinenschrauben in jeden Rahmen ein Loch durch beide 15-cm-Leisten bohren.
- Die Felge oder Rolle einlegen, die Maschinenschraube durchführen und mit einer Mutter sichern, so dass die Rollen sich auf der Schraube drehen.
- Am ersten Rahmen jeweils oben und unten eine Öse einschrauben und am zweiten Rahmen den Haken an der Unterseite einschrauben.
- Den erste Rahmen an der Decke in einen Haken einhängen und das Seil an der unteren Öse verknoten, dann so durch den zweiten Rahmen ziehen, dass der Haken unten ist und das Seil unter der Rolle durchläuft.
- Das Seil über die Rolle am ersten Rahmen führen, nach unten durchziehen und festhalten.

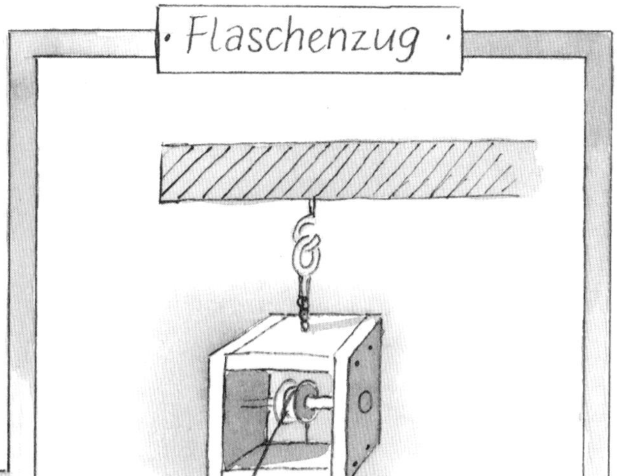

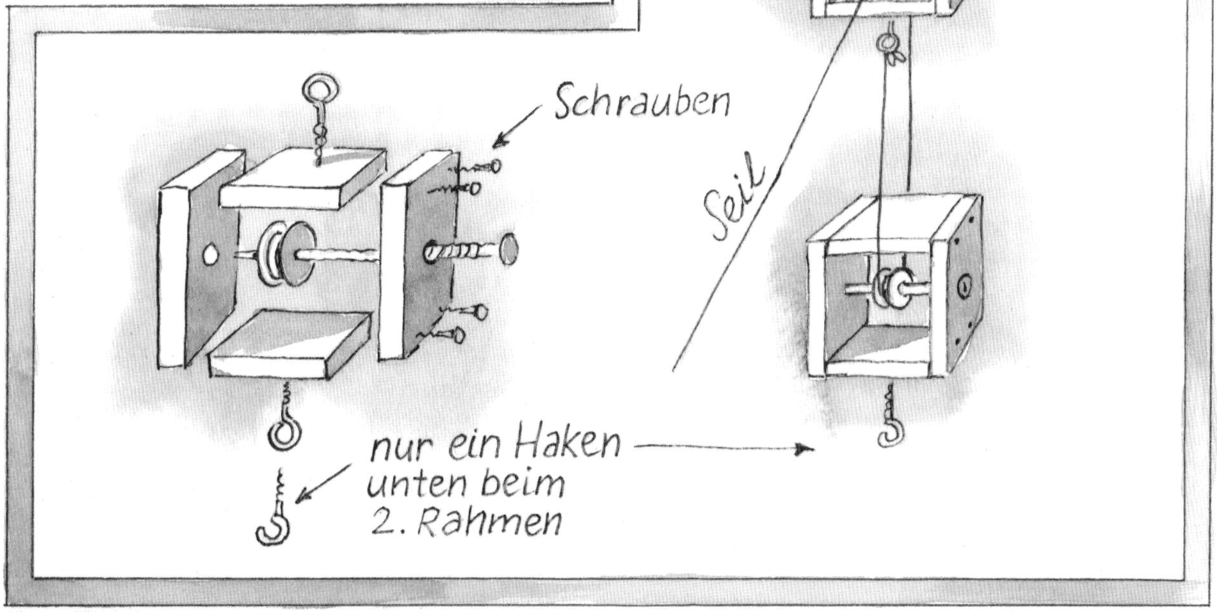

Prof. Kleinstein schleppt das Seil und die Rolle herein.
Prof. Kleinstein: „Schaut einmal, Kinder, was ich hier mitgebracht habe. Heute soll es um schwere Sachen gehen und wie man sie ohne viel Kraft und Mühe ganz weit hochheben kann."
Die Kinder sehen sich alles genau an und überlegen mit der Spielleitung und dem Professor gemeinsam, wie die Teile zusammengehören. Schließlich hängen sie die Rolle auf und führen das Seil durch. Den Eimer füllen sie mit Steinen bzw. Bauklötzen und hängen die Zugwaage ein. Ein Kind darf den Ring der Zugwaage fassen und den Eimer heben. Das Gewicht wird abgelesen. Dann das Seil am Eimerhenkel verknoten, und jedes Kind darf einmal versuchen, das Gewicht durch Ziehen am Seil hochzuheben. Anschließend wird die Zugwaage am Seil befestigt und durch erneutes Ziehen abgelesen, wie viel Gewicht bewegt wird.
Lösung: Das Gewicht ist genauso groß, wie vorher ohne Seil und Rolle.

Prof. Kleinstein: „Da brauchen wir wohl immer noch genauso viel Kraft wie vorher, leichter ging das nicht. Aber die Idee mit der Rolle soll wirklich funktionieren. Vielleicht wird es ja einfacher, wenn wir zwei Rollen benutzen. Ich glaube, wir sind jetzt bereit für dieses Gerät hier mit dem Namen Flaschenzug. Der Flaschenzug hat zwei Rollen, über die das Seil geführt ist. Wir hängen den Flaschenzug auf und den Eimer in den unteren Haken des Flaschenzuges ein. Was glaubt ihr, Kinder, ob wir beim nächsten Versuch den Eimer zu heben, wieder genauso viel Kraft benötigt werden?" *Alle Kinder probieren, ob das Gewicht nun leichter oder genauso schwer zu heben ist. Mit der Zugwaage wird zum Schluss nachgemessen und überprüft, welche Vermutung der Kinder zutrifft.*
Lösung: Das Gewicht ist tatsächlich halbiert, dafür muss aber doppelt so viel Seil gezogen werden.

Noch einmal Wasser – die Hydraulik

Wir brauchen: 2 5-ml-Spritzen (nette Ärzte verschenken sie nach einer Impfung), 1 passenden PVC-Schlauch (aus dem Baumarkt oder vom Aquarium), 1 Abfallbrettchen (Maße egal, die Holzabteilung mancher Baumärkte verschenkt Reste von ~ 20 × 30 cm), ein 10-mm-Bohrer, 4 größere Bauklötze, Spielzeugautos
Vorbereitung: Beide Spritzen mit Wasser aufziehen, eine Spritze auf den Schlauch setzen, auf festen Sitz achten und den Schlauch durch Druck auf die Spritze mit Wasser füllen. Die zweite Spritze aufsetzen.

Prof. Kleinstein: „Der Flaschenzug kann also offenbar die Kraft halbieren, die benötigt wird, um einen Gegenstand zu heben. Was glaubt ihr, wer den Flaschenzug erfunden hat, Kinder? Na klar, das war schon wieder unser Freund Archimedes. Ein toller Kerl und ein sehr kluger Erfinder. Fast könnte man meinen, dass auch unser nächstes Experiment von ihm stammt, aber leider hat er das nicht mehr erleben können. – Habt ihr schon einmal eine Spritze bekommen? Ja, dann wisst ihr vielleicht, dass die netten Ärzte, wenn man tapfer war und den Pieks hinter sich hat, die Spritze verschenken. Ich habe schon zwei Stück gesammelt und habe sie jetzt mit diesem kleinen Schlauch verbunden." *Die Kinder sehen genau zu: Wenn Prof. Kleinstein auf die eine Spritze drückt, geht der Kolben der zweiten Spritze hoch und umgekehrt. Anschließend probiert jedes Kind die Hydraulik selbst aus.*
Prof. Kleinstein: „Was glaubt ihr, Kinder, wie das funktioniert? Was passiert mit dem Wasser und den Spritzen?"
Lösung: Das Wasser wird zwischen den Spritzen immer hin- und hergedrückt.

Prof. Kleinstein: „Was könnte man denn mit so einem tollen Gerät anfangen? Fällt euch etwas ein, das schwere Dinge hebt, die sonst keiner heben kann?"

Lösung: Die Kinder werden ziemlich rätseln, aber dann auf die Hebebühne und die Autowerkstatt kommen oder auch auf Bagger, Frontlader und Raupen.

Die Spielleitung bohrt ein 10-mm-Loch in das Brett und setzt die eine Spritze ein, verbindet sie wieder mit dem Rest der Hydraulik und legt das Brett auf die vier Bauklötze auf. Jetzt können die Kinder Hebebühne spielen und die Spielzeugautos kommen zum Einsatz.

Prof. Kleinstein: „Wenn das unser Freund Archimedes noch erlebt hätte, der wäre ja geplatzt vor Begeisterung. Erleichterungen der täglichen Arbeit waren für die Menschen zu jeder Zeit wichtig, und gerade Archimedes konnte sich sehr begeistern, wenn er irgendwo solche neuen Maschinen entdeckte. Daher ist er auch viel gereist, immer auf der Suche nach klugen Erfindungen und neuen Ideen. So kam er nach Ägypten und dort machte er auch die folgende Entdeckung."

Tipp

Wenn möglich, Material für weitere Hydraulikbausätze bereit halten und einen Bausatz für die Mädchen reservieren, denn wenn es um Autos geht, werden die Jungs sofort bei der Sache sein!

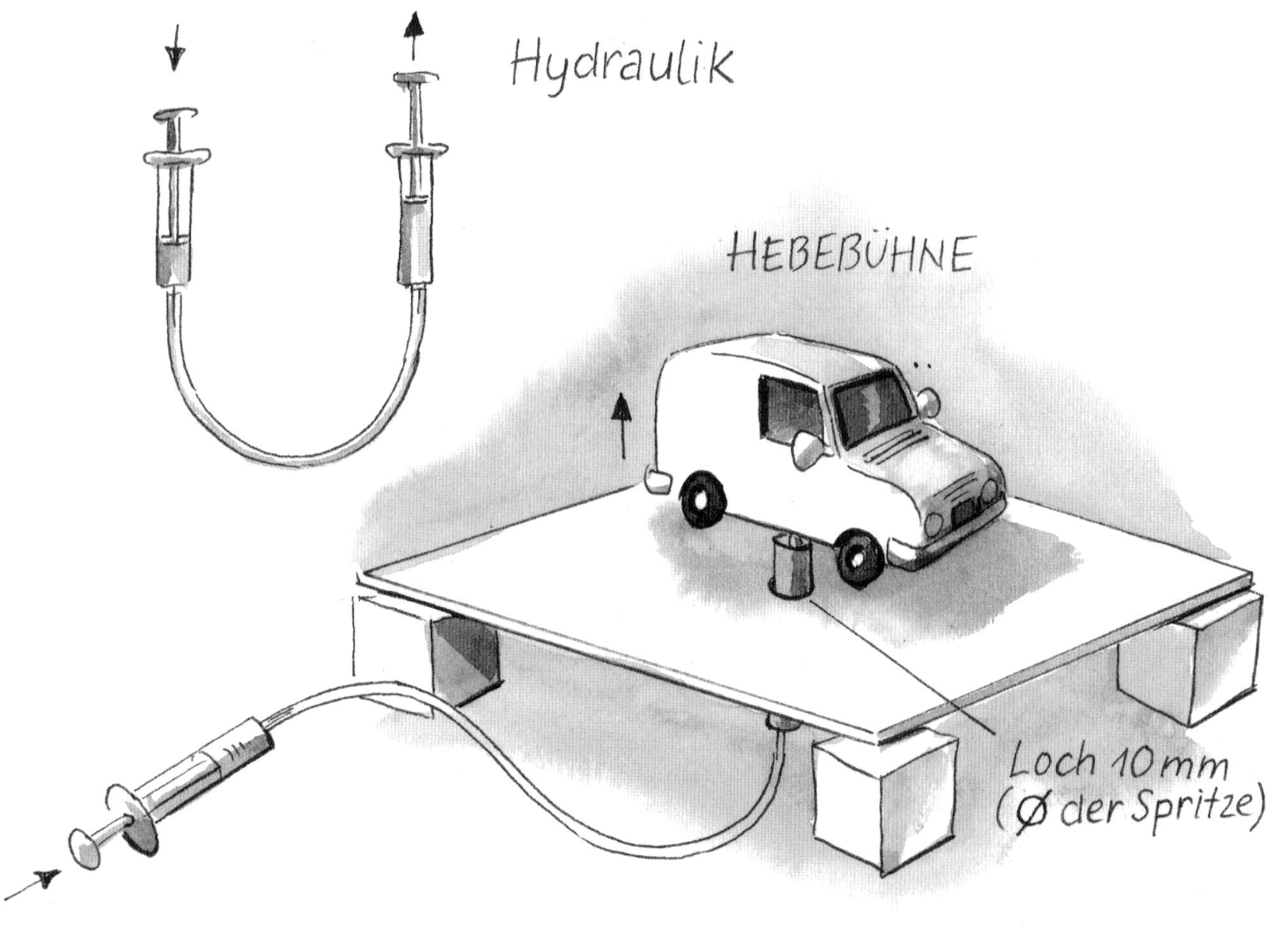

Archimedes und die tolle Rolle der Ägypter

Wir brauchen: 1 Tisch, 1 Zugfederwaage, 1 Seil (Ø mind. 8 mm, 2 m lang), die Stöcke aus dem Rhythmikwagen oder Besenstiele, möglichst viele Kinder

Alle drehen den Tisch gemeinsam um und legen ihn mit der Platte auf den Boden. So viele Kinder wie möglich steigen ein und halten sich an den Tischbeinen fest. Die Spielleitung knotet das Seil an zwei Tischbeine.

Prof. Kleinstein: „Wie ich schon erzählt habe, hat Archimedes auch eine Reise nach Ägypten unternommen. Dort gab es für ihn sehr viel zu entdecken. Die Ägypter hatten beim Bau der Pyramiden – viele tausend Jahren zuvor – etwas Einmaliges geschafft, nämlich die Erfindung der Rolle, die später zum Rad verbessert wurde. Wir wollen doch einmal sehen, was es damit auf sich hat. O. K., Kinder, jetzt geht's los. Versucht doch einmal diesen ‚Karren' zu ziehen." *Die Kinder ziehen am umgekehrten Tisch, was die Kräfte hergeben, und werden entsprechend angefeuert.*

Prof. Kleinstein: „Super Kinder, ihr zieht ja wie die Wilden. Aber natürlich werdet ihr bei so anstrengender Arbeit schnell müde. Deshalb sollten wir uns überlegen, wie ihr es euch einfacher machen könnt. Aber bevor wir das tun, kommt wieder unsere Zugfederwaage zum Einsatz. Wollen doch einmal sehen, wie viel Kraft ihr zum Ziehen gebraucht habt." *Die Zugwaage in das Seil einhängen und in den Ring einen Stock schieben, damit möglichst viele Kinder gemeinsam ziehen können. Die Kinder ziehen wieder und versuchen ihr Bestes, um den „Karren" zu bewegen. Die Zugfederwaage ablesen.*

Prof. Kleinstein: „Unglaublich, wie viel Kraft ihr habt! Doch jetzt wollen wir einmal sehen, ob wir euch die Sache nicht erleichtern können. Es gab nämlich einen berühmten Wettbewerb unter den Baumeistern der Pyramiden, bei dem es darum ging, wer mit seinen Leuten die Steine am schnellsten transportieren konnte. Dabei kam die Idee heraus, die wir jetzt ausprobieren werden." *Die Kinder in der „Karre" steigen aus, die Stöcke legen sie nebeneinander auf den Fußboden – Abstand je nach Anzahl der Stöcke zwischen 5 und 15 cm – und heben den Tisch gemeinsam auf die Stöcke. Die Kinder steigen wieder ein und nun wird erneut gezogen. Es geht jetzt viel einfacher, aber nur so lange, bis die „Karre" von den Stöcken gerollt ist.*

Prof. Kleinstein: „Nun, jetzt brauchen wir wieder eine gute Idee, damit der Wagen nicht immer von den Rollen herunterfährt. Wer hat einen Vorschlag?" *Die Kinder probieren alle Ideen aus.*

Lösung: Die Stäbe, die hinter der „Karre" frei werden, müssen vorne wieder angelegt werden.

Prof. Kleinstein: „Alle Achtung, Kinder, ich glaube, ihr hättet bestimmt ziemlichen Erfolg gehabt im alten Ägypten. Mich interessiert aber doch noch, wie viel Kraft ihr zum Ziehen der voll besetzten Karre benötigt habt." *Die Kinder wiederholen das Experiment mit der Zugwaage, die Anzeige wird abgelesen und mit dem ersten Ergebnis verglichen.*

Lösung: Es wurde viel weniger Kraft benötigt, obwohl die Zuggeschwindigkeit höher war.

Tipp

Das Experiment ist natürlich auch im Freien möglich, wenn es z. B. einen gepflasterten oder asphaltierten Teil im Außenbereich gibt. Auch bei diesem Experiment ist es – wie immer – durchaus erwünscht, wenn die Kinder die Übung mehrfach wiederholen wollen oder Kinder mit einbeziehen, die nicht direkt beteiligt waren und ihnen erklären, worum es dabei geht. Differenziertes Sprachvermögen bildet sich hier quasi als Nebeneffekt, wenn die Kinder regelmäßig um Hypothesen gebeten werden oder das Erlebte anderen Kindern erläutern. Ein weiterer Effekt liegt in der Kreativität und Innovation, die durch das Experimentieren mit verschiedenen Lösungsmöglichkeiten gefördert werden.

Anhang

Weiterführende Literatur

Ardley, Neil / Burnie, David, Spannende Experimente aus Natur und Technik, Loewe Verlag, Bindlach 1998

Bodanis, David, Bis Einstein kam, Fischer TB, Frankfurt 2003

Das große Buch der Experimente, Bechtermünz Verlag, Augsburg 1999

Dreier, Anette, Was tut der Wind, wenn er nicht weht? FIPP Verlag, Berlin 1993

Ekrutt, Joachim, Planeten bestimmen – leicht gemacht, Gräfe und Unzer, München 1992

Elschenbroich, Donata, Weltwissen der Siebenjährigen, Goldmann Verlag, München 2001

Erforsche deine Welt 2, Franz Schneider Verlag, München 1973

Geo kompakt, Heft 1, Entstehung der Erde, Hamburg 2001

Gopnik, A., Kuhl, P., Meltzoff, A., Forschergeist in Windeln, Piper Verlag, München 2003

Heermann, Hanns-Joachim, Drehbare Kosmos-Sternenkarte für den nördlichen Sternenhimmel, Franckh-Kosmos Verlags-GmbH, Stuttgart 1991

Hemleben, Johannes, Galilei, Rowohlts Monographien, Rowohlt Taschenbuch Verlag GmbH, Reinbek bei Hamburg 1969

Hoffmann, Andreas, Das Wetter, Moses Verlag, 2001

Jäger, Walter, Das da draußen sind wir ... – Bausteine einer Pädagogik der Wahr-nehmung, Verlag modernes Lernen, Dortmund 1997

Keller, Hans-Ullrich, Das Kosmos Himmelsjahr, Kosmos Verlag, Stuttgart 2005

Kirchhoff, Jochen, Kopernikus, Rowohlts Monographien, Rowohlt Taschenbuch Verlag GmbH, Reinbek bei Hamburg 1985

Lange, Udo / Stadelmann, Thomas, Das Paradies ist nicht möbliert, Luchterhand Verlag, Berlin 1999

Lanius, Karl, Mikrokosmos – Makrokosmos. Das Weltbild der Physik, Verlag C. H. Beck, München 1988

Loa, Ingo, Dr., Allgemeinbildung Naturwissenschaften, Arena Verlag, Würzburg 2003

Montessori, Maria, Kinder lernen schöpferisch, sowie Lernen ohne Druck, Herder Verlag, Freiburg 1995

Morrison, Phillip + Phylis, Zehn Hoch, Dimensionen zwischen Quarks und Galaxien, Zweitausendeins Verlag, Frankfurt 1998

Natur – Wissenschaften, Erforschen und verstehen, DK Verlag, Sternberg 2002

Newth, Eirik, Die Jagd nach der Wahrheit, dtv, München / Wien 2000

O'Ronan, Colin A., Naturgeschichte des Universums. Vom Urknall bis zum Ende der Zeit, Naturbuchverlag, Augsburg 1992

Schärli, Otto, Begegnungen mit Hugo Kükelhaus, Mayer Verlag, Stuttgart / Berlin 2001

Schärli, Otto, Werkstatt des Lebens – durch die Sinne zum Sinn, AT Verlag, Aarau/Schweiz 1991

Schiffer, Eckehard, Warum Huckleberry Finn nicht süchtig wurde, Beltz-Verlag, Weinheim / Basel 2004 (7. Aufl.)

Schwenk, Theodor, Das sensible Chaos – strömendes Formenschaffen in Wasser und Luft, Verlag Freies Geistesleben GmbH, Stuttgart 1962

Ullrich, W., und Brockschneider, F. J., Reggiopädagogik. Im Kindergarten, Herder Verlag, Freiburg / Basel 2001

von Hentig, Hartmut, Die Schule neu denken – Eine Übung in pädagogischer Vernunft, Beltz Verlag, Weinheim 2003

Bestelladressen

Für alle Astromaterialien, die Sonnenuhren, alles aus Papier und als Bausatz sowie die Sonnenfinsternisbrillen, Eisenpulver u. v. m:
Astromedia Versand
Katernberger Str. 107, 45327 Essen
www.astromedia.de

Markasit-Steine und Zunder:
www.steinzeitfeuer.de

Für das maßstäbliche Planetensystem: Planetenbaukasten Sonnensystem
KDB Königslupen
Steinackerstr. 43, 53840 Troisdorf
Bestellservice: (0 22 41) 94 77 69

Silofolie:
Raiffeisengenossenschaften

Internetlinks

www.blinde-kuh.de
www.elementa-mannheim.de/
www.GEOkompakt.de
www.geolino.de
www.kinder-akademie-fulda.de/content/index.html
www.kosmos.de
www.papierflieger.net.ms/
www.phaenomenta.de/
www.planet-wissen.de
www.physikfuerkids.de
www.quarks.de
www.schlossfreudenberg.de/
www.space-odyssey.de
www.technikmuseum-berlin.de/Spectrum/index.html
www.universum-bremen.de/
www.wasistwas.de
www.wdr.de/tv/wissen-macht-ah

Inhalt der Schlaumeierkiste

10- bzw. 20-ml-Spritzen
Bandmaß
Becherlupen
Büroklammern
dünne, schwarze Mülltüten
dünner Schlauch
Eisenspäne
Fernglas
Feuersteine (Markasit)
Flaschenzug (➜ S. 99)
Globus
Klangschale
Kompass
Luftballons
Lupen
Magnete
Mikroskop
(Mondglobus)
Nähnadel
Pappbecher
PET-Flaschen, verschiedene Größen
Pinzette
Plexiglasstäbe
Rasierklinge
Rasierspiegel
Reißzwecken
Sanduhr
Schaschlikspieße
Sonnenfinsternisbrillen (Sofibrillen)
Sonnenuhren (➜ S. 61)
Spiralmalbrett (➜ S. 88)
Sternenkarte (drehbar)
Stoppuhr
Stundenkerze (➜ S. 68)
Taschenlampe
Thermometer
Topf mit Deckel
Trichter
Trinkhalme
Waage
Wasserknotendose (➜ S. 20)
Wassermotor (➜ S. 25)
Zahnstocher
Zugfederwaage
Zunder

Register

Versuche, Experimente und Erkenntnisse

Geschichten

Der Autor – die Illustratorin

PiT Brüssel, geboren 1956, studierte Theologie, Philosophie, Chemie und Kunst in Neuss und Düsseldorf. 1. Staatsexamen für Lehramt Sekundarstufe I in Theologie und Kunst, Aufbaustudium an der Akademie „voor toegepaste kunste" in Maastricht/NL. Seit 1985 Künstler und Dozent für pädagogische Fortbildungsmaßnahmen sowie in der Teamfortbildung und Elternarbeit von Kindertagesstätten, Lehrbeauftragter der Uni Siegen, Kükelhaus-Experte und Vorstandsmitglied des Arbeitskreises Hugo Kükelhaus Organismus und Technik e. V., freier Mitarbeiter im Erfahrungsfeld zur Entfaltung der Sinne und des Denkens, Schloss Freudenberg, Wiesbaden.

Kasia Sander, geboren 1964 in Gdynia (Polen), studierte an der Danziger Kunstakademie und machte 1993 ihr Diplom an der Fachhochschule für Design in Münster. Seitdem illustriert die Grafikdesignerin Bücher für diverse Verlage (Arena, Ökotopia, Schneider u. a.) und arbeitet seit 2000 als Karikaturistin für die Recklinghauser Zeitung. Darüber hinaus leitet sie Workshops in Ölmalerei und Zeichnung. Kasia Sander hat ihre Werke mehrfach in Gemeinschafts- wie Einzelausstellungen präsentiert.

Der Fachverlag für gruppen- und spielpädagogische Materialien

Ökotopia Verlag und Versand

Kooperative Spiele, Spiele in Gruppen, Lernspiele, Bewegungsspiele, Brettspiele

Fordern Sie unser kostenloses Programm an:

Ökotopia Verlag
Hafenweg 26a · D-48155 Münster
Tel.: (02 51) 48 19 80 · Fax: 4 81 98 29
E-Mail: info@oekotopia-verlag.de

Besuchen Sie unsere Homepage! Genießen Sie dort unsere Hörproben!

http://www.oekotopia-verlag.de und www.weltmusik-fuer-kinder.de

Gisela Mühlenberg
Kritzeln, Schnipseln, Klecksen
Erste Erfahrungen mit Farbe, Schere und Papier und lustige Ideen zum Basteln mit Kindern ab 2 Jahren

ISBN: 3-925169-96-2

Sybille Günther
Das Zauberlicht
Schwarzes Theater, Spiele und Aktionen mit Kindern

ISBN: 3-931902-50-1

Elke Gulden, Bettina Scheer
Singzwerge & Krabbelmäuse
Frühkindliche Entwicklung musikalisch fördern mit Liedern, Reimen, Bewegungs- und Tanzspielen für zu Hause, für Eltern-Kind-Gruppen, Musikgarten und Krippen

ISBN (Buch): 3-936286-36-1
ISBN (CD): 3-936286-37-X

Wiebke Kemper
Rasselschwein & Glöckchenschaf
Mit Orff-Instrumenten im Kinder- und Musikgarten spielerisch musizieren - für Kinder ab 2

ISBN (Buch): 3-936286-17-5
ISBN (CD): 3-936286-18-3

Mathilda F. Hohberger, Jule Ehlers-Juhle
Klangfarben & Farbtöne
Farben mit allen Sinnen erleben mit Liedern, Spielen, Klanggeschichten und Gestaltungsideen

ISBN (Buch): 3-936286-70-1
ISBN (CD): 3-936286-71-X

Monika Krumbach
Von Farbe, Licht und Schatten
Optische Phänomene in spannenden Spielen, verblüffenden Experimenten, fantasievollen Bastelaktionen

ISBN: 3-931902-96-X

Jakobine Wierz
Große Kunst in Kinderhand
Farben und Formen großer Meister spielerisch mit allen Sinnen erleben

ISBN: 3-931902-56-0

Jakobine Wierz
Vom Kritzel-Kratzel zur Farbexplosion
Kindliche Mal- und Gestaltungsfreude verstehen und fördern – mit zahlreichen praktischen Anregungen von 2 bis 10 Jahren

ISBN: 3-936286-42-6

Gerd Grüneisl
Kunst & Krempel
Phantastische Ideen für kreatives Gestalten mit Kindern, Jugendlichen und Erwachsenen

ISBN: 3-931902-14-5

Jakobine Wierz
Spiel doch mit den Schmuddelkindern
Matschen, Schmieren, Spielen und Gestalten mit verschiedenen Materialien

ISBN: 3-931902-92-7

Jakobine Wierz
Kinder treffen Mona Lisa
Die Kunst großer Meister der Renaissance spielerisch erleben

ISBN: 3-93628-43-4

Gisela Walter
Von Kindern selbstgemacht
Allererstes Basteln mit Lust, Spiel und Spaß im Kindergarten und zu Hause

ISBN: 3-931902-84-6